子どもの健康と安全

新 基本保育シリーズ ⑯

監修
公益財団法人
児童育成協会

編集
松田 博雄
金森 三枝

中央法規

新・基本保育シリーズ
刊行にあたって

　認可保育所を利用したくても利用できない、いわゆる「保育所待機児童」は、依然（いぜん）として社会問題になっています。国は、その解消のために「子育て安心プラン」のなかで、保育の受け皿の拡大について大きく謳（うた）っています。まず、2020年度末までに全国の待機児童を解消するため、東京都ほか意欲的な自治体への支援として、2018年度から2019年度末までの2年間で必要な受け皿約22万人分の予算を確保するとしています。さらに、女性就業率80％に対応できる約32万人分の受け皿整備を、2020年度末までに行うこととしています。

　子育て安心プランのなかの「保育人材確保」については、保育補助者を育成し、保育士の業務負担を軽減するための主な取り組みとして、次の内容を掲げています。

・処遇改善を踏まえたキャリアアップの仕組みの構築
・保育補助者から保育士になるための雇上げ支援の拡充
・保育士の子どもの預かり支援の推進
・保育士の業務負担軽減のための支援

　また、保育士には、社会的養護、児童虐待（じどうぎゃくたい）を受けた子どもや障害のある子どもなどへの支援、保護者対応や地域の子育て支援など、ますます多様な役割が求められており、保育士の資質および専門性の向上は喫緊（きっきん）の課題となっています。

　このような状況のなか、2017（平成29）年3月の保育所保育指針、幼稚園教育要領、幼保連携型認定こども園教育・保育要領の改定・改訂、2018（平成30）年4月の新たな保育士養成課程の制定を受け、これまでの『基本保育シリーズ』を全面的に刷新（さっしん）し、『新・基本保育シリーズ』として刊行することになりました。

　本シリーズは、2018（平成30）年4月に新たに制定された保育士養成課程の教科目の教授内容等に準拠（じゅんきょ）し、保育士や幼稚園教諭など保育者に必要な基礎知識の習得を基本に、学生が理解しやすく、自ら考えることにも重点をおいたテキストです。さらに、養成校での講義を想定した目次構成になっており、使いやすさにも配慮しました。

　本シリーズが、保育者養成の現場で、保育者をめざす学生に広く活用されることをこころから願っております。

公益財団法人　児童育成協会

はじめに

　保育の原点は、子どもの命を守り、子どもの健やかな育ちを支えることにある。一人ひとりの子どもの心身の状態や発達、特性、個性にそった保育によって子どもの健康は保たれる。乳幼児期は、特に病気に対する抵抗力が弱く、心身の機能の未熟さもあり、健康状態、発達状態を把握し、適切な判断に基づく保健的な対応を行うことも求められる。保育士の保育活動すべてが子どもの健康にかかわっているといっても過言ではない。

　2018（平成30）年4月から適用されている保育所保育指針「第1章　総則」の「1　保育所保育に関する基本原則」では、目標として「十分に養護の行き届いた環境の下に、くつろいだ雰囲気の中で子どもの様々な欲求を満たし、生命の保持及び情緒の安定を図ること」「健康、安全など生活に必要な基本的な習慣や態度を養い、心身の健康の基礎を培うこと」が示されている。生命の保持という点では、一人ひとりの子どもが快適に生活すること、健康で安全に過ごせること、生理的欲求が十分に満たされること、健康増進が積極的に図られるようにすることなどが含まれる。このことは、養護の観点からも理解する必要があり、子どもの保健に関する知識を学び、保育のなかで実践していくことが必須のこととなる。保育者は、誕生から大人になるまでの長期的な視野ももって、子ども自身が健康なこころと身体を育て、自ら健康で安全な生活をつくり出す力を培うこと、子ども自身が自分の健康を守ることができるようはたらきかけていくことが求められる。

　保育士が働く場所は、保育所、児童館、子育て支援センター、認定こども園、家庭的保育、児童養護施設、乳児院、母子生活支援施設、児童発達支援センター、障害児入所施設、児童心理治療施設、児童自立支援施設、病院など多様だが、どのような場でも子どもの命を守り、健やかな育ちを支えるための心身の健康と安全、成長発達に関する知識と技術は重要である。

　2018（平成30）年4月に、新たに保育士試験の科目および指定保育士養成施設（大学・短期大学、専門学校等）の修業教科目等の新設・変更が行われた。その際、従来の「子どもの保健Ⅱ（演習・1単位）」の目標および教授内容について、「子どもの保健Ⅰ（講義・4単位）」から保育における衛生管理や安全管理に関する内容を移行しつつ、保健的観点に基づく保育の環境整備や健康・安全管理の実施体制など、より実践的な力が身につけられるよう、新たな教科目「子どもの健康と安全（演習・1単位）」となり内容が整理された。

　本書では、厚生労働省が定める目標や内容を15回の授業を通して学ぶことができ

るように、15講に分けて構成した。医学や看護の知識も必要とされるなかで、保育士としてまず身につけてほしい知識・技術を学び、保育士養成の場や現場で使いやすく、わかりやすい教科書をめざして制作した。

「子どもの健康と安全（演習・1単位）」は演習科目であり、本書は子どもの保育における健康および安全の管理に関する知識をどのように実践していくのかを実際に体験してみること、調べてみること、自分自身や仲間と考えてみることを通して実践力をつけていけるものになっている。

1つの講は3つのStepに分けて構成されており、Step 1では基本的な知識や事柄、演習の前提となる解説がなされ、Step 2では演習課題と演習の進め方を提示し、Step 3では演習課題を終えての解説やまとめ、保育の際の留意事項や具体的な手順、さらに知ってほしいことや考えてほしいことをそれぞれの内容に応じて記している。

本書で学んだ内容が保育士としての力となり、保育士となった後に出会う子どもの命を守り、子どもにとってのよりよい今を、望ましい未来をつくり上げることにつながることを願っている。

本書を作成するにあたってご協力いただいたすべての皆様に感謝を申し上げる。

2019年1月

松田博雄・金森三枝

本書の特徴

- 3Stepによる内容構成で、基礎から学べる。
- 国が定める養成課程に準拠した学習内容。
- 各講は見開きで、見やすく、わかりやすい構成。

Step1 レクチャー

基本的な学習内容
保育者として必ず押さえておきたい
基本的な事項や特に重要な内容を学ぶ

Step3

1. 事故発生時の対応

　事故やけがの発生時は、処置をする場の安全確認をし、汚染防止の手袋装着をして、子どもに助けに来たことを伝える。子どもがどのような状態にあるのかを頭から順につま先まで瞬時に観察し、判断する。Step1において述べたように、子どもは恐怖や不安感を感じていることが多い。そのことを念頭において、けがそのものだけではなく精神面のケアを心がけることが大切である。

　外から見える出血、傷、腫れ、変形、顔色などに加え、必要なら服を切り取って脱がせ、患部をよく観察する。命にかかわる状態か、その疑いがあるなら救命車の手配と自動体外式除細動器（AED）の用意をして救命処置を行う。同時に保護者への連絡をし、必要に応じて嘱託医にも連絡をする。

　アレルギー疾患をもつ子どもについては、緊急性の高い症状への対応として、救急車を呼ぶ、エピペンの使用トレーニングが必要である。

　事故やけがの対応をすべて1人で行うことはできない。適切な対応のためには全職員の連携、協力が不可欠である。看護職員等は、救急蘇生法や応急処置のマニュアルを作成し、園内研修を通して知識と技術を身につけ的確な対応ができるように体制整備をすることが求められる。さらに、全職員が外部研修などにより最新の情報や動向を得て、事故やけがの発生時の対応に活かすことが大切である。

2. 保護者への対応

　どんなに小さいと思われるけがでも、保育中に生じたことはすべて、いのちを預かる保育所の責任である。保護者にはすぐ連絡をして謝罪しなければならない。心理状態等を的確に伝え、順序立て、もれがないように行う。他の子どもが存在する場合は配慮して伝える。救急車での受診の場合は説明をする。

　迎えに来られた保護者が改めて謝罪をし、必要な書類をもって対応することになる。状況をわかりやすく説明し、子どもの観察を伝える。けがの保育所での対応について、保護者会で再度説明をしておくことも大切である。

3. 医薬品等の整備

　子どものけがや疾病等の事態に備え、保健室の環境を整えておく。医療戸棚には救急用薬品、材料等を常備し適切に管理をして、必要なときにすぐ使えるようにしておく（**図表7-3**）。医薬品等は子どもが手で触れないように管理をする。また、全職員が緊急時の対応をできるよう常備してある医療品の品目と場所を知っておくことが大切である。使用した物は補充しておく。

　なお、軟膏等の治療薬の使用は医師の指示が必要な医療行為であり、安易な使用はしてはならない。常備する薬品は嘱託医と相談して決める必要がある。

図表7-3　園で常備する医薬品など

常備薬	外用薬	痒み止め 皮膚の保護 打撲・噛みつきの腫れ 痛みの緩和 抜けた歯の保護的保存液、洗眼：生理的食塩水	嘱託医・園医と相談して購入
	内服薬	・原則的には常備しない ・宿泊保育、園外保育時の携行医薬品も嘱託医・園医と相談して準備する ・内服薬は必ず医師の指示を受けて用いる（例：乗り物酔い防止薬、鎮痛解熱薬など）	
	消毒薬	・物品、汚物、家具など：次亜塩素酸ナトリウム ・手指、玩具、医療用品：エタノール ・手指、物品：逆性せっけん液	
衛生材料		・滅菌ガーゼ（大・小）・伸縮包帯・三角巾・絆創膏・脱脂綿・傷用パッド・カット綿・綿棒・綿球・使い捨て手袋・マスク・使い捨て抱っこエプロン	
衛生材料・器具	器具	・舌圧子・鑷子・ピンセット・ハサミ・副木・ペンライト・水枕・湯たんぽ・体温計・爪切り・毛抜き・虫めがね・万能つぼ（または、蓋つきシャーレ）・洗眼器・体重計・身長計・メジャー・ライター・洗面器・尿器・便器・コップ・バット・蓋つきバケツ・ビニール袋・タオル・ティッシュペーパー・汚物缶・ランドルト環単独視標・アイマスク・オージオメーター	
その他		・救急袋（緊急避難用、お散歩用）	

出典：事柄花会子・荒木悄子・副使等早編著『子どもの保健・実習―すこやかな育ちをサポートするために 第2版』萌文書林、2013

Step3 プラスα

発展的な学習内容

近年の動向、関連領域の知識など、発展的な内容を学ぶ

つける。
・子どもを下が硬い床へ降ろす。

③ 反応確認
・顔を近づけ、鎖骨の上を強く叩きながら、「○○ちゃん！○○ちゃん！」と名前を呼び、「先生よ！」と発声する（❶）。
　乳児の場合は片足を持ち、足の裏をたたく（❷）。
・「先生が助けるから一緒にがんばろうね」と発声する（手当の声明）。

❶　　　　　　❷

④ 反応がない
・大声でそばにいる人に119番通報を依頼し、AEDを取ってきてもらう（指名をする）。

⑤ 呼吸をみる（❸）
・胸と腹部が上下するか、動きをみる（片手を胸において動きを確認してもよい）。
・時間をかけ過ぎない（3〜5秒位で行う）。
　普段どおりの呼吸をしている場合は回復体位にして観察を続ける。

⑥ 呼吸をしていない
・上半身を裸にする。脱がせにくければハサミで切る。
・すぐに胸骨圧迫を開始する。
・幼児は胸の真ん中、胸骨の下半分を片手または両手の付け根で強く（胸の厚さの1/3が沈む程度）圧迫する（❹、❺）。
　乳児の場合は両乳首を結ぶ中央すぐ下の胸骨上に指2本をおいて、やはり胸の厚さの1/3が沈む程度、強く圧迫する（❻）。
・圧迫の際はひじを伸ばし、子どもの真上から垂直に体重をかける。
・圧迫は30回連続する。圧迫ごとに胸を元の高さに戻してから次の圧迫をする。
　強く＝胸が1/3程度沈むように押す。

Step2 プラクティス

演習課題と進め方

Step1の基本内容をふまえた演習課題で、実践に役立つ知識や考える力を養う

保育士養成課程──本書の目次
対応表

　指定保育士養成施設の修業教科目については国で定められており、養成課程を構成する教科目については、通知「指定保育士養成施設の指定及び運営の基準について」（平成15年雇児発第1209001号）において、その教授内容が示されている。

　本書は保育士養成課程における「教科目の教授内容」に準拠しつつ、授業で使いやすいよう全15講に目次を再構成している。

子どもの健康と安全「教科目の教授内容」	本書の目次
1. 保健的観点を踏まえた保育環境及び援助	
(1) 子どもの健康と保育の環境	第1講　子どもの健康と保育の環境
(2) 子どもの保健に関する個別対応と集団全体の健康及び安全の管理	第2講　子どもの保健に関する個別対応と集団全体の健康
2. 保育における健康及び安全の管理	
(1) 衛生管理	第3講　衛生管理
(2) 事故防止及び安全対策	第4講　事故防止および安全対策
(3) 危機管理	第5講　災害への備えと危機管理
(4) 災害への備え	
3. 子どもの体調不良等に対する適切な対応	
(1) 体調不良や傷害が発生した場合の対応	第6講　体調不良や傷害が発生した場合の対応
(2) 応急処置	第7講　救急処置および救急蘇生法
(3) 救急処置及び救急蘇生法	
4. 感染症対策	
(1) 感染症の集団発生の予防	第8講　感染症の集団発生と予防、対応
(2) 感染症発生時と罹患後の対応	
5. 保育における保健的対応	
(1) 保育における保健的対応の基本的な考え方	第9講　保育における保健的対応の基本的な考え方
(2) 3歳未満児への対応	第10講　3歳未満児への適切な対応
(3) 個別的な配慮を要する子どもへの対応（慢性疾患、アレルギー性疾患等）	第11講　個別的な配慮を必要とする子どもへの対応
(4) 障害のある子どもへの対応	第12講　障害のある子どもへの適切な対応
6. 健康及び安全の管理の実施体制	
(1) 職員間の連携・協働と組織的取組	第13講　職員間の連携・協働と組織的取り組み
(2) 保育における保健活動の計画及び評価	第14講　保育における保健計画および評価
(3) 母子保健・地域保健における自治体との連携	第15講　子どもを中心とした家庭・専門機関・地域との連携
(4) 家庭、専門機関、地域の関係機関等との連携	

CONTENTS

新・基本保育シリーズ　刊行にあたって
はじめに
本書の特徴
保育士養成課程――本書の目次　対応表

第1講　子どもの健康と保育の環境

Step1　1. 年間出生数から子どもの健康と環境を観る ……… 2
　　　　　2. 乳児死亡率から子どもの健康と環境を観る ……… 2
　　　　　3. 保育所等に求められる環境と現状 ……… 3

Step2　演習1　生活しやすい園内環境について、物的・人的環境の視点からあげてみよう ……… 4
　　　　　演習2　感染症に関する環境改善について、物的・人的環境の視点からあげてみよう ……… 5

Step3　1. 保育所の特性と環境への配慮 ……… 8
　　　　　2. 保育保健の質向上を支えるガイドライン ……… 8
　　　　　3. 重大な事故予防のポイント ……… 8
　　　　　4. 子どもの健康は環境が育む ……… 9

COLUMN　日本版ネウボラとしての「子育て世代包括支援センター」と「保育所」……… 10

第2講　子どもの保健に関する個別対応と集団全体の健康

Step1　1. 保育における健康管理の意義 ……… 12
　　　　　2. 日常の健康管理、健康観察のポイント ……… 12
　　　　　3. 健康診断 ……… 13
　　　　　4. 保育所での与薬 ……… 16

Step2　演習1　子どもの健康観察を行う場合に、どのようなところに気をつけて観察するのか考えてみよう ……… 18
　　　　　演習2　子どもに与薬をする場合に気をつけることをいろいろなケースを想定して考えてみよう ……… 18

Step3　1. 健康観察や健康診断からわかること ……… 20
　　　　　2. これからの健康診断 ……… 20

COLUMN　健康診断票（歯・口腔）記入上の注意 ……… 22

第3講　衛生管理

Step1
1. 望ましい衛生環境 ……………………………………………… 24
2. 主な環境衛生の基準 …………………………………………… 24
3. 室内外の衛生管理 ……………………………………………… 25
4. 消毒薬の種類と使い方 ………………………………………… 29

Step2
演習1　子どもたちが使うおもちゃの消毒方法を身につけよう …… 30
演習2　ビニール袋を使って簡易の使い捨てエプロンをつくってみよう …… 31

Step3
1. 職員の衛生管理 ………………………………………………… 32
2. 調理体験と食中毒の予防 ……………………………………… 32

第4講　事故防止および安全対策

Step1
1. 保育施設での事故 ……………………………………………… 36
2. 保育中に発生した事故の報告 ………………………………… 36
3. 保育施設での事故の原因と対応 ……………………………… 39
4. 事故防止および事故発生時の対応のためのガイドライン …… 39

Step2
演習1　保育における危険な箇所を探してみよう ………………… 40
演習2　チャイルドマウスと誤飲防止ルーラーを作成してみよう … 42

Step3
1. 防げる事故と防げない事故 …………………………………… 44
2. 事故によるトラブル …………………………………………… 44
3. 事故による経済的損失 ………………………………………… 45

COLUMN 安全教育・安全指導 …………………………………… 46

第5講　災害への備えと危機管理

Step1
1. 災害対策 ………………………………………………………… 48
2. 危機管理 ………………………………………………………… 48
3. 災害時の家族への連絡 ………………………………………… 51
4. 非常持ち出し品と備蓄品 ……………………………………… 51

Step2
演習1　自分が住んでいる地域のハザードマップをみてみよう …… 52
演習2　保育現場での危険箇所を考えてみよう …………………… 54

Step3
1. 災害時に求められる判断力と行動力 ………………………… 56
2. 子ども自身が自分の身を守るために ………………………… 57

| COLUMN | 防災に関するさまざまな情報 | 58 |

第6講　体調不良や傷害が発生した場合の対応

Step1
1. 子どもの特徴 ... 60
2. 子どものバイタルサインと全身状態の観察 ... 60
3. 子どもによくみられる症状の観察 ... 61

Step2
演習1　バイタルサイン（体温、呼吸、脈拍）の測定をしてみよう ... 64
演習2　保育中に熱中症を起こした子どもに対する対応について考えてみよう ... 65

Step3
1. 骨折・捻挫・脱臼・打撲に対する応急処置（RICE法） ... 66
2. 打撲に対する応急処置 ... 66
3. 創傷に対する応急処置（閉鎖湿潤療法） ... 66
4. 出血に対する応急処置 ... 68
5. やけどに対する応急処置 ... 68

第7講　救急処置および救急蘇生法

Step1
1. 子どもの事故とけが ... 72
2. 子どもへの対応における留意点 ... 72
3. けがへの対応と応急処置（ファーストエイド） ... 72

Step2
演習　子どもの救命救急法を習得しよう ... 76

Step3
1. 事故発生時の対応 ... 82
2. 保護者への対応 ... 82
3. 医薬品等の整備 ... 83

| COLUMN | 園庭や散歩先でのけがへの対応のために | 84 |

第8講　感染症の集団発生と予防、対応

Step1
1. 感染症の基礎知識 ... 86
2. 標準予防策（スタンダードプレコーション） ... 87
3. 予防接種 ... 87

Step2
演習1　嘔吐物処理の方法を身につけよう ... 88
演習2　正しい手洗いの方法を身につけよう ... 90

Step3	1. 保育現場で嘔吐物の処理をする際の留意事項	92
	2. 感染症発生時の園の対応	93
	3. 予防接種	94

第9講 保育における保健的対応の基本的考え方

Step1	1. 保健的対応と保育士	98
	2. 低年齢児の保健的対応	98
	3. 慢性疾患児等の保健的対応	100
	4. 行動に問題のある子どもへの保健的対応	101
Step2	演習1　個別的配慮を要する子どもの保護者とのかかわりには、どのような心がけが必要か考えよう	102
	演習2　個別的配慮を必要とする子どもの保健的対応について、どのような体制整備の必要があるか考えよう	104
Step3	1. 保育所で与える薬	106
	2. 薬を預かって保管する	106
	3. 預かった薬を飲ませる	107
COLUMN	小1プロブレムを視野に入れた地域との連携体制の考え方	108

第10講 3歳未満児への適切な対応

Step1	1. 3歳未満児の特徴	110
	2. 形態的成長の特徴	110
	3. 機能的発達の特徴	111
	4. 乳児の生活援助	112
	5. 3歳未満児の運動発達と事故	113
	6. 乳幼児への薬の与薬	114
Step2	演習　乳幼児の成長のアセスメントを通して、今後、情報収集や観察すべき点を考えよう	116
Step3	1. 保育士に求められる姿勢	118
	2. 愛着形成	119

第11講 個別的な配慮を必要とする子どもへの対応

| Step1 | 1. 個別的な配慮を必要とする慢性疾患 | 122 |

| | | 2. 幼児期によくみられる健康障害とそれぞれに必要な具体的な支援 | 122 |

Step2 演習 食物アレルギーをもつ子どもの入園に際して、保育者はどのような準備が必要か考えてみよう ⋯⋯ 130

Step3 1. アレルギー疾患をもつ子どもへの配慮・対応の実際 ⋯⋯ 132
2. 子どもたちへの教育的なかかわり ⋯⋯ 132

COLUMN 慢性疾患をもつ子どもと家族の生活 ⋯⋯ 134

第12講　障害のある子どもへの適切な対応

Step1 1. 障害とは何か ⋯⋯ 136
2. 機能・形態の障害の原因となる主な病気 ⋯⋯ 137
3. 発達障害 ⋯⋯ 137

Step2 演習 発達障害のある子どもを理解し、実際の保育を考えてみよう ⋯⋯ 140

Step3 1. 発達障害のある子どもたちの手助けの方法──TEACCHプログラム ⋯⋯ 144
2. 医療的ケアが必要な子どもたちの保育──保育の可能性を考える ⋯⋯ 144

COLUMN 発達障害のある子どもたちの理解を助ける資料 ⋯⋯ 146

第13講　職員間の連携・協働と組織的取り組み

Step1 1. 一人で解決しようとしない・保育所だけで解決しようとしない ⋯⋯ 148
2. 連携・協働・ネットワーク ⋯⋯ 148
3. 保育にかかわる専門職 ⋯⋯ 148
4. 家庭との連携 ⋯⋯ 149
5. 専門機関・地域との連携 ⋯⋯ 150

Step2 演習 事例を通して連携、協働、ネットワークを考える ⋯⋯ 152

Step3 1. 児童相談所の役割 ⋯⋯ 154
2. 要保護児童と要支援家庭 ⋯⋯ 154
3. 要保護児童対策地域協議会（子どもを守る地域ネットワーク） ⋯⋯ 155
4. 障害をもつ子どもに関する連携・就学支援シート ⋯⋯ 155
5. 子ども虐待対応、防止などに関する連携 ⋯⋯ 156
6. 小学校との連携 ⋯⋯ 157
7. 災害等の発生時における連携 ⋯⋯ 157

第14講　保育における保健計画および評価

Step1　1. 保健計画の作成と活用 ································ 160
　　　　　2. 健康診断 ·· 160

Step2　演習1　保健活動の実際や、健康計画や指導計画における保健活動の
　　　　　　　　位置づけについて確認してみよう ···················· 164
　　　　　演習2　正確な計測値を得るための身体計測の手技を身につけよう ···· 165

Step3　1. 身体計測時の留意事項 ································ 168
　　　　　2. 身体計測の評価 ································ 168

COLUMN　歯科健康診断 ································ 170

第15講　子どもを中心とした家庭・専門機関・地域との連携

Step1　1. 子ども・子育て支援新制度と地域子ども・子育て支援事業の制度化 ···· 172
　　　　　2. 子育て世代包括支援センター ································ 172
　　　　　3. 地域の連携先と社会資源 ································ 175
　　　　　4. 生活上の課題や病気、障害をかかえる子どもや家族に対するトータルな
　　　　　　　支援の必要性 ································ 177

Step2　演習　次の事例を読み、その支援を考えてみよう ···· 178

Step3　1. 医療的ケアを必要とする子ども ································ 180
　　　　　2. 医療的ケア児の保育所受け入れ状況 ································ 181
　　　　　3. 小児慢性特定疾病医療費助成制度と小児慢性特定疾病児童等自立
　　　　　　　支援事業の実施 ································ 182

参考資料

　　　　消毒薬の種類と用途 ································ 186

索引
企画委員一覧
編集・執筆者一覧

第1講
子どもの健康と保育の環境

子どもの健康な育ちを支えるうえで望ましい環境について、物的・人的観点からとりあげる。Step1では子どもの健康と保育環境について理解し、続くStep2では自身の健康について、および環境を整えるための演習を行い、Step3では今後、保育にたずさわる専門職としての個人の課題と、保育施設において配慮すべき視点を学ぶ。

Step 1

1. 年間出生数から子どもの健康と環境を観る

　まず、年間出生数を時代背景とともに追ってみたい。第二次世界大戦前までは緩やかな自然増加がみられていたが、戦争直後の1947〜1949（昭和22〜24）年は結婚の増加にともなう第一次ベビーブーム期を迎え、1949（昭和24）年には270万人とそれまでで最も多い出生数を記録した。その後、ベビーブーム期に生まれた子どもたちが親世代となり、1971〜1974（昭和46〜49）年は第二次ベビーブーム期を迎え、出生数は200万人となる。ところが、その後約50年間で出生数は半減し、2005（平成17）年を機に出生数106万人を死亡数が上回る逆転現象がみられ、2017（平成29）年には出生数94万人に対して死亡数134万人と、人口の自然減が続いている。

　合計特殊出生率（その年次の15歳〜49歳の女性の年齢別出生率を合計したもので、一人の女性が一生に産む子どもの数の平均）は、第一次ベビーブーム期には4を超えていたが、第二次ベビーブーム期には2.1程度で推移した。1975（昭和50）年に2を下回ってから平成18年から9年間は緩やかな上昇傾向も見られたが、2016（平成28）年には低下し、1.44となっている。

　少子化は社会経済全般に大きな影響を及ぼすと予測されているが、子どもたち自身にとっても兄弟姉妹や地域での遊び友達の関係など、子どもたち同士のふれあいの機会が減少するため子どもの社会性が育まれにくくなり、子どもの健全な成長への影響が心配される。そのようななか、地域の子育て支援拠点として保育施設等に期待される役割は大きい。

2. 乳児死亡率から子どもの健康と環境を観る

　乳児死亡率は年間の出生1000人あたりの生後1年未満の死亡数を示すもので、地域および社会全体の生活・衛生水準を反映する指標の1つともされている。日本の場合、第二次世界大戦直後には欧米諸国と比べ2倍以上であった乳児死亡率だが、その後急速な改善をみた。厚生労働省の人口動態調査によると、2017（平成29）年の日本の乳児死亡率は1.9、世界のトップレベルの水準を維持している。
（世界平均：31（2016年）、アメリカ：5.9（2015年）、フランス：3.5（2015年）、イギリス：3.9（2015年）、ドイツ：3.3（2015年））

　この改善の背景にはどのような取り組みがあるのだろうか。第一次ベビーブーム期から10年後の1957年をみると、日本の乳児死亡率は40と高く、中でも岩手県沢内村（現・西和賀町）は70と日本で最も赤ちゃんが命を亡くす村とさえ言われていた。

豪雪と貧困、そのために多病・多死のきわめて厳しい環境にあった山村において、その後の5年間で乳児死亡率が0となったのである。これを可能にしたのは、多くの困難に怯むことなく「生命尊重こそが政治の基本」という村長のゆるぎない理念のもと、行政と医療・保健の連携を図るシステムをつくり、1961年、「日本初の乳児医療費無料化」を実現したことである。厳しい自然環境と向き合いながら、あきらめることなく環境を改善していくことで、日本で最も子どもの命が守られる村に変わったのである。1961年に始まった乳児医療費無料化は、その後全国に広まり、1994年には全都道府県で実施されることになった。現在は乳児だけでなく、自治体により無料化の対象は拡大されているが、60年前にさかのぼる健康支援の取り組みの功績はきわめて大きい。

3. 保育所等に求められる環境と現状

　保育所保育指針では、保育所保育の目的を「入所する子どもの最善の利益を考慮し、その福祉を積極的に増進することに最もふさわしい生活の場でなければならない」と規定している。保育所には養護と教育の一体的提供、専門性をもった職員による保育等、一人ひとりの子どもの発達に応じたかかわりの重要性が明記されている。また、保護者支援、地域子育て支援をするものとして位置づけられており、これらの役割を果たすためには保育所に必要とされる物的環境の整備と、保育にかかわる専門職（保育士・看護職等）の人的環境の充実が求められる。

　全国社会福祉協議会「「機能面に着目した保育所の環境・空間に係る研究事業」総合報告書」（平成21年3月）によると、医務室（保健室）は6割の保育所が事務所の一角などと兼用となっており、インフルエンザや感染性胃腸炎など感染症流行時の隔離や体調不良児の対応のためにも適切な場所とは言いがたい。また、学校教育現場においては保健室と養護教諭の全校配置が法的に定められているのに対して、感染症に罹患しやすく、免疫力や体力も弱い乳幼児期の子どもたちの保育現場では看護職の配置はまだ3割程度である。養護のためには単に子どもが横になれる場所があればよいのではなく、保護者の迎えまでの間、ゆったりと安心して安全に過ごすスペースが必要である。子どもは病気だけでなく精神的な緊張や興奮、環境の変化でも体調を崩しやすい。病気やけがの折にやさしく手当てされた経験はその回復とともに辛さをがんばれた自信や他者への思いやりも育む。体調不良児の対応は大切な個別保育であると位置づけ、感染防止に配慮しながらていねいな保育を心がけるべきであり、そのための物的・人的環境が求められる。

Step 2

> **演習 1** 生活しやすい園内環境について、物的・人的環境の視点からあげてみよう

課題

　0歳児～年長児いずれかのクラスを設定し、保育室、ホール、園庭、戸外等その日の生活や活動の準備や環境について具体的に話し合う。

進め方

① 該当年齢のクラス活動を取り上げ、各場面において留意すべき点や環境をあげる。
② ①であげた項目をグループでもち寄り、その理由や改善点について意見交換をする。

物的環境	
人的環境	

解説

　生活空間の認識ができない、あるいは保育者の指示が理解できないために、子ども同士のかかわりで待てないことや譲れないことなどが起き、トラブルや事故につながることもある。どの子どもにもわかりやすい保育環境を整えることは事故を防

ぐことにもつながり、保育者にとっても安全な環境である。

(1) 物的環境
① 子どもの動き（動線）に配慮した保育室の設定（危険な物・不要な物は除去）
② 登所時・降所時の仕度がスムーズに行えるレイアウト（行動の順番に）
③ わかりやすい室内（シール・マーク等で示す）
　→自分の持ち物がわかる、片づける場所がわかる、順番を待つ場所がわかる
④ わかりやすい一日（絵カードで一日の流れを示す）
　→装飾は必要最小限にとどめる（注意力をそらさないため）

(2) 人的環境
① 子どもへの指示は簡潔に、わかりやすく、穏やかに話す
　→説明が多く長い話はわかりにくい場合がある（絵カードの活用）
② たくさんの指示を一度に出さない（一回に1つの指示を出す）
③ 待つ時間や、歯を磨く時間等をわかりやすく示す（水時計や砂時計の活用）
④ できたことは小さなことでも誉める、感謝（「ありがとう」）を伝える

演習 2　感染症に関する環境改善について、物的・人的環境の視点からあげてみよう

課題
① 日常の衛生管理→感染症発症時の対応→終息したときの対応→日常の衛生管理、という一連の流れから考える。
② 感染症の予防について、必要な環境整備や活動について考える。
③ 感染症が発症したときの対策や対応について考える。

進め方
① 子どもや保育者個々人、クラス、園としての取り組みなどをあげる。
② ①であげた項目をグループでもち寄り、その理由や改善点について意見交換をする。

物的環境	
人的環境	

解説

　感染症はうつる病気であるが、その重症度は昔も今も変わりはない。医学が進歩した現在においても、原因となる病原微生物を死滅させる薬はなく、その増殖を抑えたり症状の緩和を図る薬での治療になるが、免疫や体力の弱い低年齢児や基礎疾患をもつ子どもの場合は重症化する可能性も、命にかかわる危険性もある。

　こうした感染症を予防する1つの方法が、予防接種である。予防接種の目的は、感染症にかからないためのもの、あるいはかかっても重症化しないためのものである。予防接種というと、接種する本人を守るためのようにも考えられがちだが、実際には、流行を防ぎ、子どもや高齢者、疾患などで免疫力が落ちている人、治療などのために予防接種をできない人を感染症から守る「社会防衛」の意義が大きい。感染症のすべてに予防接種があるわけではなく、例えば、乳幼児期に日常的に発症している多くの感染症（溶連菌感染症、手足口病、咽頭結膜熱等）には予防接種はない。予防接種で防げる感染症は予防接種で防ぐこと、それが個人と集団、社会を守るために、最も基本的で確実な対策である。

　近年、子どもの感染症と思われていた「麻しん」や「風しん」の発症が、子どもよりも成人の親世代にあたる20～40歳代に多く発症している。保育施設では保育者や保護者が感染症を外から持ち込んだり、保育施設から持ち出さない配慮が必要である。また、保育者は予防接種で防げる感染症（麻しん、風しん、流行性耳下腺

炎(おたふくかぜ)、水痘(水ぼうそう)、B型肝炎、インフルエンザ)については、確実に予防接種をしておくことが望まれる。

　保育施設内では清潔区域と不潔区域はきちんと分けて、日常の衛生管理と感染症発症時の切り替えや、終息時の切り替えをすみやかに行うことが重要である。(「**第3講　衛生管理**」「**第8講　感染症の集団発生と予防、対応**」参照)

(1) 物的環境

　保育施設内の清潔区域と不潔区域を分けて、それぞれが交差しないよう適切な仕切りができていること。

(2) 人的環境

① 日常の標準予防策(スタンダードプレコーション)として、すべての湿性生体物(血液や体液)は感染性があるとみなして対応する方法が実施できること。
　→湿性生体物に触れるときには、必ず使い捨て手袋を使用する。
　→手袋を外したあとには、流水と石けんによる手洗いをする。
　→血液等が床にこぼれたら、手袋を着用し次亜塩素酸ナトリウムで消毒する。

② 感染症発症時には標準予防策に加えた感染症対策が実施できること。
　→発症したことを職員と保護者に周知する。
　→飛沫感染に対して「せきエチケット」を心がけ、接触感染予防のために手洗いと消毒はていねいに実施する。
　→感染性胃腸炎の発症時は、通常の排便処理に使用している使い捨て手袋に加えて、使い捨てエプロンとマスクを着用し手順にそって処理する。汚れた衣類等は感染防止のため、ビニール袋に密閉して返却する。

③ 感染症流行が終息したら終息宣言を出し、日常の衛生管理に戻すこと。

Step3

1. 保育所の特性と環境への配慮

　保育所等では、免疫力（めんえきりょく）がまだ弱く体力も運動能力も未熟（みじゅく）な低年齢の子どもたちが、集団で長い時間生活している。この時期の子どもたちの健康と安全を確保し、子どもの生命の保持と健康支援を継続するためには、「低年齢」「集団」「長時間」のキーワードが示す保育所の特性を考慮して、感染症や事故の正しい知識のもと、衛生的で安全な環境を整えることが大切である。環境設定においては物的環境と人的環境の観点から、日常と緊急時の双方をふまえた具体的な整備をしていくことが重要である。

2. 保育保健の質向上を支えるガイドライン

　保育所等は、低年齢の子どもたちが、集団で長時間を過ごす生活の場であることから、免疫が十分に備わっておらず体力や運動機能も未熟な子どもたちの健康問題や事故予防に対応するため、「保育所におけるアレルギー対応ガイドライン」（2011（平成23）年）、「保育所における食事の提供ガイドライン」（2012（平成24）年）、「教育・保育施設等における事故防止及び事故発生時の対応のためのガイドライン」（2016（平成28）年）、「保育所における感染症対策ガイドライン（2018年改訂版）」（2018（平成30）年）などが出されている。

　また、2017（平成29）年3月には「保育所保育指針」の改定が行われ、健康支援の充実に加え、地域のすべての子育て家庭を対象に、地域のニーズに応じた多様な子育て支援を充実させる拠点としての役割が保育所に期待されている。

3. 重大な事故予防のポイント

　ここでは保育所における事故予防（「第4講　事故防止および安全対策」参照）のポイントを取り上げる。

午睡中：乳幼児突然死症候群（SIDS）や窒息（ちっそく）

・午睡中の睡眠チェックは「子どもの健康観察」（ごすい）ととらえて行う
・子どもを観察できる明るさの部屋で寝かせる
・寝かせつけからあおむけにし、医学的な理由で医師からの指示がなければ、原則として午睡中はすべてあおむけ寝とする

・観察のポイント①「観る」顔の表情・身体の動き、②「聴く」呼吸音（ゼイゼイ・ヒュウヒュウ音の有無）、③「触れる」身体に直接触れて、体熱感・発汗等

プール活動・水遊び：溺水・窒息

・安全な環境基準（気温・湿度等）の目安を職員で事前に話し合っておく
・プールの指導者のほかに監視者を置き、監視者は監視に専念する
・監視者は子どもの名前と顔がわかり、体調の観察ができるようにする
・監視者が確保できない場合はプール活動を中止し、保育内容を工夫する
・プール前の健康チェックで体調不良と思われたら入水させず、保護者に報告する

食事中：誤嚥窒息、食物アレルギーの誤食

・正しい姿勢で食事ができるよう、床にきちんと足底を着いて座位をとらせる
・食事の介助では子どもの意志に合ったタイミングで子どもの口に合った量（スプーン1／2量）で与える
・自分で食べられる子どもでも、咀嚼・嚥下に注意しながら摂食状況を見守る
・笑いながら、泣きながら、眠りながらの食事や食事介助はしない（誤嚥の危険）
・除去食の安全確認は「声出し」「指差し」「ダブルチェック」を確実に行う

4. 子どもの健康は環境が育む

　子どもは、一人の人間として保護者や保育者から無条件に受け入れられ、愛される経験を通して愛着（アタッチメント）を形成していく。「生まれてよかった」「私は愛されている」と感じることで自尊感情（セルフエスティーム）が育まれ、心身の健やかな成長の基盤となり、困難な状況にもしなやかに適応して生き延びる力（レジリエンス）となる。

　子どもたちにかかわる仕事はその後の生涯も含めて「子どもの命を預かる」ことである。そのために必要なものは十分に遊び込める時間と空間、そして仲間のいる環境であり、将来に渡る人間形成の重要な時期ととらえて個人と集団に向けて日々ていねいなかかわりが望まれる。

参考文献

- 全国保育園保健師看護師連絡会『保育のなかの事故――子どもの命を守る保健活動』2012.
- 全国保育園保健師看護師連絡会『新・保育のなかの保健――保育園看護職の仕事はこれだ！』2014.
- 日本小児科学会・日本小児保健協会・日本小児科医会・日本小児科連絡協議会ワーキンググループ編『子育て支援ハンドブック』日本小児医事出版社，2011.
- 日本家政学会編『児童学事典』丸善出版，2016.
- 東社協保育士会保健部会編『改訂版 今日から役立つ保育園の保健のしごと』赤ちゃんとママ社，2018.
- 巷野悟郎監，日本保育園保健協議会編『最新 保育保健の基礎知識』日本小児医事出版社，2013.

COLUMN　日本版ネウボラとしての「子育て世代包括支援センター」と「保育所」

　政府は少子化対策の1つとして2015（平成27）年3月、「少子化社会対策大綱」で地域における妊娠、出産、子育ての切れ目ない支援拠点として「子育て世代包括支援センター」の整備と産後ケアの充実を目標に掲げた。「子育て世代包括支援センター」は保健師・看護師が妊産婦の状況を継続的に把握し必要な相談支援を行うしくみで、この制度のモデルとなっているのがフィンランドのネウボラ（「相談・アドバイスの場所」という意味）である。

　平成29年度からは設置を自治体の努力義務とし、情報共有や連携を強化する調整役として位置づけた。このなかで保育所は、日常的に妊婦や乳幼児等、幅広い年齢層の多くの人たちにかかわる場であり、家庭に最も身近な成育環境として、子育て支援の連携機関とみなされている。

（並木由美江）

第2講

子どもの保健に関する個別対応と集団全体の健康

子ども一人ひとりの健康を守ることは、子どもの健やかな成長のために大切である。日ごろの健康観察や定期的な健康診断が病気の予防や早期発見につながる。また、たくさんの子どもたちが集団で生活している環境においては、子ども一人ひとりの健康を守ることが集団の健康を守ることになる。本講では、健康観察のポイントや健康診断と併せて、与薬についても学び、これらを正しく行う技術と知識を身につける。

Step 1

1. 保育における健康管理の意義

　子どもたちが健やかに成長するためには日々の健康管理が大切である。また、たくさんの子どもたちが集団で過ごしている環境において、子ども一人ひとりの健康を守ることは集団の健康を守ることにつながる。

　2018（平成30）年施行の保育所保育指針においても、「子どもの健康状態並びに発育及び発達状態について、定期的・継続的に、また、必要に応じて随時、把握（はあく）すること」「健康状態や疾病（しっぺい）等の把握のために、嘱託医（しょくたく）等により定期的に健康診断を行い、その結果を記録し、保育に活用するとともに、保護者が子どもの状態を理解し、日常生活に活用できるようにすること」などと示されている。

2. 日常の健康管理、健康観察のポイント

　登園時の子どもの様子を観察するとともに保護者から家庭での様子を聞いたり、連絡帳を確認して健康状態を把握する。言葉を話すことができない小さな子どもや言葉でうまく説明することのできない子どもの健康状態の把握には特に注意が必要であり、周りの大人が異変に気づかなくてはならない。健康観察は、自分の目で見て、自分の耳で聞いて、自分の手で触れてというように、自分の感覚器官をはたらかせて行うことが多い。そのため、体調が優れなかったりすると、これらの感覚器官のはたらきも鈍くなり、子どもの変化にも気づきにくくなる。保育者は自身の体調管理もしっかり行うことが求められる。

　1日の保育を通して子どもの気になる様子や体調などは、連絡帳を利用して保護者に伝える。保護者と保育者が協力して子どもの健康を守るために、連絡帳を上手に活用することが大切である。

健康観察のポイント

　子どもの健康状態の変化にいち早く気づくためには、元気なときの子どもの様子を知っておくことが大切である。例えば、元気がない、機嫌が悪い、保護者からなかなか離れない、ぐずる、いつも甘える様子を見せない子どもが甘える、泣き方がいつもと違う、食欲がないなど、ふだんと違う様子が見られたときには気をつけて観察していく必要がある。保護者はもちろん、毎日子どもたちと接している保育者の、何かちょっと変だなという気づきは間違いがないことが多いため、軽視してはならない。保育中は自分が気になった子どもは特に注意して観察する必要がある。

3. 健康診断

　幼稚園においては、学校保健安全法により、毎学年定期に園児の健康診断を行うことが定められている。保育所などの児童福祉施設においては、児童福祉施設の設備及び運営に関する基準により、入所時の健康診断、少なくとも1年に2回の定期健康診断、および臨時の健康診断を学校保健安全法に規定する健康診断に準じて行わなければならないと定められている。

健康診断

　保育所で行われる定期健康診断のうち、主なものを解説する。

（1）内科健診

　主に発育や栄養状態、脊椎や胸部の病気や異常、皮膚や心臓の病気や異常をみる。

（2）歯科健診

　むし歯（う歯）、歯周疾患、歯列（歯並び）や咬合（かみ合わせ）などの異常がないかを検査する。加えて、形態および機能が発達段階に即して正常に発達しているかを観察する。

（3）視力検査

　視力検査により、近視や遠視などの屈折異常などをみる。日本学校保健会発行の『児童生徒の健康診断マニュアル　平成27年度改訂』によると、弱視（斜視などの原因により視力の発達が不十分で視力が出ない目）においては視力が完成する6歳ごろまでに治療をしなければ、生涯にわたり矯正視力は改善しないとされており、乳幼児健診や保育所などでの視力検査が重要である。

健康診断が終わったら

　健康診断が終わったら結果を健康診断票にまとめる。結果は本人および保護者に21日以内に通知し、事後措置として疾病の予防処置や治療、必要な検査、予防接種等を受けるよう指示する。健康診断の結果には配慮が必要な情報も含まれるので管理には十分気をつける。なお健康診断票は5年間保存することが定められている。

健康診断票の書き方

　だれが見ても健康診断の結果がわかるように、健康診断票の記入方法が決められている。健康診断票は進学先や転園先で必要になる場合もあるので正しい方法で記入する（図表2-1、図表2-2、COLUMN）。

図表2-1 幼児健康診断票記入例

幼児健康診断票

ふりがな 氏名					男・女	生年月日　年　月　日生			
年齢		3歳	4歳	5歳	身体計測	月	歳	歳	歳
年度		平成28年度	平成29年度	平成30年度			身長　体重	身長　体重	身長　体重
身長（cm）		96.9	103.5	109.4		7			
体重（kg）		14.5	17.4	21.3		12			
栄養状態				要注意		3			
脊柱・胸郭					保健調査より	アレルギー　有・無			
視力	右			A（　）		喘息　有・無			
	左			A（　）		病名	予防接種歴	り患歴	
聴力	右					麻疹			
	左					風疹			
皮膚疾病						水痘			
心臓の疾病・異常						流行性耳下腺炎			
その他の疾病・異常					感染症罹患年月日	年　月　日～　年　月　日			
園医	所見					年　月　日～　年　月　日			
	月日	4.20	4.22	4.23		年　月　日～　年　月　日			
事後措置				肥満傾向のため食事等の保健指導		年　月　日～　年　月　日			
園医	プール前健診所見					年　月　日～　年　月　日			
	月日	6.18	6.20	6.17		年　月　日～　年　月　日			
事後措置									

歯式　現在歯／　未処置歯C　処置歯○　要注意乳歯×　要観察歯CO　喪失歯（永久歯）△

	歯式（上下・右左）	乳歯		永久歯		その他の疾病・異常	
3歳	6 5 4 3 2 1 ｜ 1 2 3 4 5 6（上右下／上左下）	現在歯数	20	現在歯数	0	歯科医 所見	
		未処置歯数	0	未処置歯数	0	月日	5.8
		処置歯数	0	処置歯数	0	事後措置	
4歳	6 5 4 3 2 1 ｜ 1 2 3 4 5 6	現在歯数	20	現在歯数	0	歯科医 所見	う歯要受診
		未処置歯数	1	未処置歯数	0	月日	5.10
		処置歯数	0	処置歯数	0	事後措置	う歯治療済　月／日
5歳	6 5 4 3 2 1 ｜ 1 2 3 4 5 6	現在歯数	19	現在歯数	3	歯科医 所見	
		未処置歯数	0	未処置歯数	0	月日	5.11
		処置歯数	1	処置歯数	0	事後措置	

＊疾病異常等がない場合は、該当欄に斜線を引くこと。
＊検査等を該当学年であるにもかかわらず諸事情により受けることができなかった場合は、「未検査」と記入する。

出典：鈴木美枝子編著『これだけはおさえたい！保育者のための「子どもの保健Ⅱ」』創成社，p.40，2018.

図表2-2 健康診断票記入上の注意

様式			記入上の注意
氏　　　　　名			楷書で記入する。
性　　　　　別	男　女		該当する方を○で囲む。
生　年　月　日	年　月　日		
学　校　の　名　称			ゴム印等を用いて正確に記入する。
年　　　　　齢	歳		定期の健康診断が行われる学年の始まる前日に達する年齢を記入する。
年　　　　　度	平成　年度		
身　　長（cm）	．		測定単位は、小数第1位までを記入する。
体　　重（kg）	．		
栄　養　状　態			栄養不良又は肥満傾向で特に注意を要すると認めたものを「要注意」と記入する。
脊　柱　・　胸　郭			疑いのある病名又は異常名を記入する。
視力	右	（　　）	裸眼視力は、かっこの左側に、矯正視力はかっこ内に記入する。この場合において、視力の検査結果が1.0以上であるときは「A」、1.0未満0.7以上であるときは「B」、0.7未満0.3以上であるときは「C」、0.3未満であるときは「D」と記入して差し支えない。
	左	（　　）	
目の疾病及び異常			疑いのある病名又は、異常名を記入する。
聴力	右		1,000Hzにおいて30dB又は4,000Hzにおいて25dB（聴力レベル表示による）を聴取できない者については、○印を記入する。なお、上記の者について、さらに聴力レベルを検査したときは、併せてその聴力レベルデシベルを記入する。
	左		
耳　鼻　咽　頭　疾　患			疑いのある病名又は異常名を記入する。
皮　　膚　　疾　　患			疑いのある病名又は異常名を記入する。
結核	疾病及び異常		疑いのある病名又は異常名を記入する。
	指　導　区　分		規則第7条第2項の規定により決定した指導区分を記入する。
心臓	臨床医学的検査（心電図等）		（心電図等の臨床医学的検査の所見を記入する） 心電図等の臨床医学的検査の結果及び疑いのある病名又は異常名を記入する。
	疾病及び異常		（上記の結果を踏まえ、病名又は異常名を記入する）
尿	蛋　白　第　1　次		検査の結果を＋等の記号で記入する。
	糖　　第　1　次		検査の結果を＋等の記号で記入する。
	その他の検査		蛋白もしくは糖の第2次検査又は潜血検査等の検査を行った場合の検査項目名及び検査結果を記入する。
その他の疾病及び異常			疑いのある病名又は異常名を記入する。
園医	所　　　　見		学校保健安全法施行規則第9条の規定によって園においてとるべき事後措置に関連して園医が必要と認める所見を記入押印し、押印した月日を記入する。
	月　　　　日		
事　後　措　置			学校保健安全法施行規則第9条の規定によって園においてとるべき事後措置を具体的に記入する。
備　　　　　考			健康診断に関し必要のある事項を記入する。

出典：鈴木美枝子編著『これだけはおさえたい！保育者のための「子どもの保健Ⅱ」』創成社, p.41, 2018.

4. 保育所での与薬

保育所と薬

　与薬とは、薬を飲ませたり使用したりすることをいう。通常、保育所では内服薬などは使用しないが、医師の指示により、どうしても保育時間内に与薬が必要な場合はその限りではない。園で与薬できる薬は医師から処方された処方薬に限り、市販薬は与薬できないことをきちんと保護者に説明し理解を求める。薬によっては与薬時間が朝夕2回など保育時間にかからないようにすることも可能であるため、受診の際に医師に相談してみるよう保護者に伝え、対応してもらうという方法もある。

薬を預かったら

　保護者から薬を預かるときは、薬とともに与薬依頼票を提出してもらう。与薬依頼票を保護者に記入してもらい、その提出を受けたら記載事項を確認する。預かる薬は1回分とし、薬の袋や容器に名前や与薬時間を記入してもらう。薬は薬品庫などの鍵がかかり、子どもの手の届かないところに保管する。保管場所は全職員に周知しておく。

薬の与え方

　薬には飲み薬（粉・液体）、塗り薬、目薬、座薬などがある。それぞれ医師の指示に従い、正しい方法で使用する。

（1）飲み薬

　粉薬は嫌がらなければ、水や白湯と一緒にそのまま飲ませる。乳児などは、そのまま飲ませるとむせたりするので、少量の水で練ってから与える。乳首やスポイト、スプーンを利用するのもよい。液体の薬はよく振って、薬が沈殿していないことを確認する。家庭での飲み方を聞いておくとよい。

（2）塗り薬

　保育者の手をきれいに洗ってから使用する。患部も清潔にしておく。必要な量だけ手の甲に出してから塗る。広い面を塗る場合は、均一に塗れるよう何か所かに分けておき、そこから塗り広げる。

（3）目薬

　子どもを保育者の足の間にあお向けに寝かせ、動いてしまうようであれば保育者

の足で子どもの頭と腕を固定し動かないようにする。目尻か目頭に目薬を1滴落とす。子どもの目頭を押さえ、30秒ほど目を閉じさせ薬をなじませる。点眼の際、容器の先端が目やまつ毛に触れないよう注意する。2種類以上の目薬を同時に使用する場合は、5分程度間隔をあけて使用する。

（4）座薬

　座薬の場合、医師の指示に従い、特に注意して取り扱う。使用する際は手袋をする。2歳ごろまではあお向けで足を深く曲げた体位にし、年齢が上がれば、左を下に横向きに寝かせ足を曲げた体位をとらせる。座薬は先のとがった方から肛門に挿入し、人差し指の第一関節あたりまで入れて押し込むと戻りにくい。挿入後はしばらく肛門を押さえ、座薬が出てこないようにする。出てきてしまった場合、溶けていなければもう一度挿入する。

気をつけること

　与薬忘れがないよう気をつける。薬を与える場所にも注意が必要である。ほかの子どもが誤って飲んでしまったりしないよう保育室とは別の場所で与薬することが望ましい。与薬をする子どもが複数いても一人ずつ与薬する。与薬をするときには重複与薬、分量の間違い、人違いなどがないよう複数の職員で確認する。

　決してあってはならないことだが、薬を間違えて飲ませてしまったり、二重に飲ませてしまった場合の対応を事前に検討しておくことで、万が一そのようなことが起きてしまった場合にあわてずに対応することができる。

　まずは薬を処方した医師、もしくは嘱託医に連絡し、医師の指示に従って対応するが、基本的には体内で吸収される薬の成分を少なくするために水分を摂らせる。保護者へも連絡し、謝罪のうえ経緯や子どもの様子を説明する。

　その後、全職員でなぜそのようなことが起きたのかを考え、二度と起こらないよう施設全体で予防策を検討する。このような事態は大人の不注意によって起こることがほとんどである。細心の注意を払って与薬を行うことが重要である。

与薬を済ませたら

　与薬したあとは子どもの様子をよく観察しながら保育する。何か症状が出た場合にはすぐに薬を処方した医師や嘱託医に連絡する。

　与薬をすませたことを与薬依頼票に記入する。連絡帳にも与薬後の様子や健康状態などを記載し保護者に伝える。飲み薬などの場合は飲ませた時間を開封した薬の袋に記入し、保護者に返す。

Step 2

演習 1　子どもの健康観察を行う場合に、どのようなところに気をつけて観察するのか考えてみよう

課題

① 痛みや違和感などを言葉で伝えることが難しい子どもの健康状態を観察する場合に、からだの部位ごとや尿、便の状態など、それぞれ注意すべきポイントを考える。
② 健康観察で異常を発見したときの対応について考える。

進め方

① 観察するポイントをそれぞれのカテゴリー別に**図表2-3**の空欄にまとめる。
② その後、ほかの人に観察するポイントを聞いてみたり、グループで話し合ってみる。自分が気づかなかった点があれば書き足す。

例

　例えば、観察の結果、発疹を発見した場合は、発疹以外の症状がないかを確認する。発疹とともに発熱があれば感染症を疑い、別室で保育を行うなどの対応をとる。子どもの感染症罹患歴も確認する。保育者として、発疹の現れる感染症の種類や、感染症ごとに異なる発疹の性状をある程度知っておくことも大切である。

演習 2　子どもに与薬をする場合に気をつけることをいろいろなケースを想定して考えてみよう

課題

① 保護者から市販薬を飲ませてほしいと申し出があった場合の対応を考える。
② 与薬する子どもが複数いた場合の安全な薬の管理や与薬方法を考える。

Step1　Step2 プラクティス　Step3

図表2-3　子どもの症状を観察するポイント

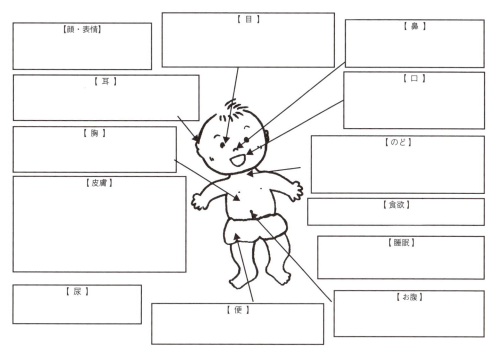

出典：厚生労働省「保育所における感染症対策ガイドライン（2018年改訂版）」2018．をもとに作成。

進め方

それぞれの課題について、まずは自分で考えてみる。その後、ほかの人の意見や考え方を聞いてみたり、グループで話し合ってみる。まとめたことを発表し合ってもよい。

解説

① 保育所では医師の指示によって出された薬（処方薬）しか預かれないことを保護者にていねいに説明し理解していただく。

② 現場の保育者から、実際に与薬する子どもが複数いて混乱したという声を聞く。薬の袋や容器に記載されている子どもの名前、与薬する時間を与薬依頼票と照らし合わせて確認する。子どもの名前や薬の名前、与薬時間を声に出し、複数の職員で確認する。一度に複数の子どもの薬を準備するのではなく、一人分ずつ準備し、与薬することが大切である。これらは一人で対応することが難しい。職員同士が協力して行うとよい。

Step 3

1. 健康観察や健康診断からわかること

　日ごろの健康観察や健康診断から、子どもの健康状態を把握することはもちろんであるが、これらはときとして虐待が疑われる子どもの発見などにつながることがある。

　例えば、虐待を受けている子どもは発育状況がよくない傾向がみられる。歯科健診などで虫歯が多かったり、口腔内の環境が悪く口臭があったり、歯周病などがある場合には、ネグレクト（育児放棄）を疑う。その他、適切な養育が受けられていない場合には、衣服が汚れている、同じ服や下着をずっと着ている、爪や耳の手入れがされていない、からだが汚れていたり体臭があるなどふだんの保育においても比較的気づきやすい事柄が多いので併せて観察する。

　暴力を受けていたりすると、歯が折れていたり、欠けていたり、口のなかに傷が見られることがあり、歯科健診の際に歯科医から報告を受けることがある。からだのあざは衣服で隠れるところにある場合もある。保育所で行われる身体計測や健康診断など、服を脱ぐ機会を利用して暴力を受けていることが疑われる子どもの観察を続けていくことが重要である。

　保育者など子どもと密にかかわることの多い者は、このような子どもを発見しやすい立場にある。そのことを十分に理解し、小さな異変も見逃さないようにし、不適切な環境で生活している子どもが一人でも減るように努めなければならない。また子どもだけでなく保護者も同時に苦しんでいる場合もあり、保護者への支援も併せて考える必要がある。虐待などの問題は保育者一人だけで解決することは難しく、関係機関と協力しながら対応していくことが大切である。

　毎日の健康観察や健康診断は病気の発見や予防につながるだけではないことを理解し、これらの健康観察や健康診断のメリットを最大限に活かし、子どもの成長を見守っていくことが強く望まれる。

2. これからの健康診断

　近年、子どもたちを取り巻く社会環境や生活環境の変化により、子どもたちのかかえる健康問題も変化している。そこで文部科学省は今後の健康診断のあり方の検討を行い、座高、寄生虫卵、運動器検診、血液検査の4つの項目について見直しが行われた。このうち、座高、寄生虫卵、運動器検診について解説する。

座高

　座高は、身長、体重とともに計測する項目であったが、検査結果が十分に利用されていないなどの理由により、2016（平成28）年度より必須項目から削除された。

寄生虫卵

　寄生虫卵検査としては、ぎょう虫卵検査が行われていることが多い。この10年、寄生虫卵検査の検出率が1％以下という状態であることを受け、2016（平成28）年度より必須項目から削除された。

　しかしながら、地域により寄生虫卵検査の検出率に違いがあり、陽性者の多い地域もある。また、年齢の低い子どもは、手洗いや清潔の保持を自分で十分に行うことが難しく、寄生虫卵に感染しやすい。このような状況をふまえ、検出率の高い地域や年齢の小さな子どもにおいては、今後も検査や衛生教育を行う必要がある。

　誤解してはならないのは、ぎょう虫卵検査がなくなっても、ぎょう虫症がなくなるわけではないため、保育者はぎょう虫症の症状や対応を知っておく必要がある。ぎょう虫症に感染していると、ぎょう虫が夜中に肛門から出てきて肛門周囲に卵を産むため、肛門がかゆく寝られなかったりする。保育中に眠そうな様子が続けてみられたり、肛門がかゆいため、落ち着きがなかったりする。かいてしまうと、皮膚（ひふ）を傷つけてしまったり、手についた卵からほかの子どもへの感染が心配される。プールの時期には特に注意が必要である。感染が疑われる場合は、保護者にそのことを伝え、受診してもらう。薬を服用して駆虫し、下着や寝具の衛生に気をつけてもらうことが大切である。

運動器に関する検診

　最近の子どもたちは外遊びの機会が少なかったり、運動不足の傾向がみられる。その影響か、保育所などでも、うまくしゃがめない、よく転ぶ、転んだときに手が出ない子どもを見かけることがある。これらは運動器の機能不全や障害が原因となっていることも多く、早期に発見し対応することで改善が期待されるため、健康診断に新しく加えられた。しゃがめない、よく転ぶなどの子どもの様子は日ごろの保育のなかでも十分気づくことができるため、気になる様子があれば保護者に伝え、専門医に診てもらう。日ごろの保育においても、外遊びや子どもの運動機能を育てるような遊びを取り入れるとよい。

参考文献

- 厚生労働省「保育所における感染症対策ガイドライン（2018年改訂版）」2018.
- 鈴木美枝子編著『これだけはおさえたい！保育者のための「子どもの保健Ⅱ」』創成社，2018.
- 文部科学省スポーツ・青少年局学校健康教育課監修「児童生徒の健康診断マニュアル 平成27年度改訂」財団法人日本学校保健会，2015.
- 巷野悟郎監，日本保育園保健協議会編「最新保育保健の基礎知識 第8版改訂」日本小児医事出版社，2013.
- 今後の健康診断の在り方等に関する検討会「今後の健康診断の在り方等に関する意見」2013.

COLUMN 健康診断票（歯・口腔）記入上の注意

歯・口腔の健康診断票の記入の注意点は下記のとおり。

記入欄		記入上の注意
歯式		歯式には、それぞれの乳歯に該当するアルファベット（A～E）が書かれています。永久歯は数字（1～8）になります。A～Eの乳歯の後に生えてきた永久歯がそれぞれ1～5になります。対応するマス目に健診結果を記号で記入します。
	—、／、＼	現在歯（今生えている歯）は、乳歯・永久歯ともに該当する歯を斜線「／」「＼」または連続横線「—」を記入します。現在歯とは、今現在生えているすべての歯のことで、健康な歯のほか、むし歯、要観察歯、要注意乳歯を含みます。
	C、○	むし歯は乳歯・永久歯ともに、未処置歯は「C」、処置歯（治療した歯）は「○」に区分して記入します。
	×	要注意乳歯には「×」と記入します。何らかの原因で乳歯が残り、後から出てくる永久歯の歯列に障害を及ぼすとして、歯科医師による精査が必要と診断された歯です。
	CO	要観察歯に「CO」と記入します。視診ではむし歯とは断定できないが、初期病変の疑いがある歯で、歯科医師による継続的な観察が必要と診断された歯です。
歯の状態		歯式の欄に記入された当該事項について上下左右の歯数を集計し、その数を該当欄に記入する。
その他の疾病及び異常		病名及び異常名を記入する。
歯科医所見		歯科医が、治療等が必要と認める所見を記入押印し、押印した月日を記入する。要観察歯がある場合は歯式欄に加え、この欄にも「CO」と記入する。
事後措置		学校保健安全法施行規則第9条の規定によって園においてとるべき事後措置を具体的に記入する。

出典：鈴木美枝子編著『これだけはおさえたい！保育者のための「子どもの保健Ⅱ」』創成社，p.42, 2018.

（田中和香菜）

第3講

衛生管理

　子どもたちが長い時間を過ごす保育所などの施設は、子どもたちが気持ちよく過ごすことができ、活動がより豊かなものになる場であることが求められる。施設の衛生環境を整えることは、子どもの健やかな成長にとって大切なことである。また病気の予防や感染症の拡大を防ぐことにもつながる。この講では、保育所などの衛生管理について学び、理解を深める。

Step 1

1. 望ましい衛生環境

　子どもたちの健康を守り、病気を予防するために、子どもが長い時間を過ごす保育室などの環境を整えることは重要である。子どもは年齢が低いほど免疫や抵抗力がまだ十分でなく、環境への適応能力も未熟なため、さまざまな環境の影響を受けやすいという特徴がある。また言葉を話せない子どもは、暑い寒いなど言葉で伝えることが難しいため、周囲の大人が環境に気を配ることが大切である。

　保育所などの児童福祉施設の衛生管理等については、児童福祉施設の設備及び運営に関する基準に「児童福祉施設に入所している者の使用する設備、食器等又は飲用に供する水については、衛生的な管理に努め、又は衛生上必要な措置を講じなければならない」と示されている。保育所保育指針においては環境および衛生管理として「施設の温度、湿度、換気、採光、音などの環境を常に適切な状態に保持するとともに、施設内外の設備及び用具等の衛生管理に努めること」、「施設内外の適切な環境の維持に努めるとともに、子ども及び全職員が清潔を保つようにすること。また、職員は衛生知識の向上に努めること」と明記されている。

　適切な衛生環境を整えることは、子どもの健やかな成長だけでなく、病気や感染症の予防にもつながる。保育所などの児童福祉施設においては感染症が発生したときや感染症が疑われる場合の適切な対応を知っておくことも大切である。保育者一人ひとりが衛生管理や感染症予防について正しい知識をもち、環境整備に努めていくことが求められる。日常の保育においても清潔な環境を保ち、子どもに清潔に過ごすことの大切さを指導をしていくことも保育者の重要な役割の1つである。

2. 主な環境衛生の基準

　以下に主な環境衛生の基準について、厚生労働省「保育所における感染症対策ガイドライン（2018年改訂版）」、文部科学省「学校環境衛生基準」、文部科学省「学校環境衛生管理マニュアル」をもとに解説する。

温度と湿度

　保育所における感染症対策ガイドライン（2018年改訂版）には、保育室などの温度と湿度の目安が示されている。室温は夏期で26〜28℃、冬期で20〜23℃、湿度は60％程度が望ましいとされている。季節に合わせ適切な室温や湿度を保ち、冷暖房機を利用する際は定期的に清掃し、加湿器の水は毎日交換するようにする。

温度や湿度の感じ方には個人差があるため、正確に把握（はあく）するために温湿度計を設置し定期的に確認する。

換気

学校環境衛生管理マニュアルでは、換気は教師1人および幼稚園児35人在室、容積180m^{3}の教室において、2.1回／時としている。ただし、ここでいう換気回数は1時間あたりの窓開けの回数を示すものではなく、換気の効果を表す数値である。1時間経過後に基準値である二酸化炭素濃度を1500ppm以下に保持するために、部屋の容積や在室人数から算出されたものである。保育室の大きさや在室人数などは保育所によって異なるため、各園で換気のタイミングを考え、換気を行うことが大切である。

保育がはじまる前、食事やお昼寝のあとなどのタイミングで1時間に1回程度、数分の換気を行うとよい。窓を開けて行う換気は、空気の入口と出口となる2か所の窓を開けたり、なるべく離れた窓を開けると効果的である。換気扇を使用する場合は、新鮮な空気が部屋に入るよう換気扇から離れた窓を開けると効果的である。

感染症が流行しているときには特に換気に気を配り、室内の空気を良好な状態に保つように努める。

飲料水

飲料水の水質については、給水栓水については、遊離残留塩素が0.1mg/L以上保持されていること、外観、臭気、味等に異常がないこととしている。

3. 室内外の衛生管理

室内外の衛生管理については、子どもの年齢や発達段階において気をつける点に多少違いがあるので、子どもの成長に合わせた環境整備を行うよう努める。ここでは「保育所における感染症対策ガイドライン（2018年改訂版）」に基づいて解説する。

保育室

子どもが長い時間過ごす場所なので、日々の清掃で清潔を保つ。子どもがはったりする床は直接手で触れるので、特に気をつけて清掃する。その他、ドアノブ、手すり、照明のスイッチ等は、水拭きしたあと、アルコール等による消毒を行うとよ

い。棚や窓、テラス、蛇口や排水溝などの清掃を行う。冷暖房機、加湿器、除湿器等は吹き出し口やフィルターの清掃を行う。

おもちゃ

　乳児がなめたりする遊具は衛生的に遊べるよう、その都度、お湯などで洗い流して干す。遊具は午前と午後で交換する。ぬいぐるみや布類の遊具は定期的に洗濯し、週に1回程度は日光消毒をする。その他、洗えるものは定期的に流水で洗い日光消毒し、洗えないものは定期的に湯拭き、または日光消毒する。

食事・おやつ

　テーブルは清潔な台ふきんで水（湯）拭きする。配膳や下膳も不衛生にならないように注意する。食事の介助においてもスプーンやコップ、水筒を共用したりせず、衛生的であるよう気をつける。食後はテーブルや椅子、床への食べこぼし等の清掃を行う。

図表3-1 遊具等の消毒

	普段の取扱のめやす	消毒方法
ぬいぐるみ布類	・定期的に洗濯する。 ・陽に干す（週1回程度）。 ・汚れたら随時洗濯する。	・糞便や嘔吐物で汚れたら、汚れを落とし、0.02％（200ppm）の次亜塩素酸ナトリウム液に十分浸し、水洗いする。 ・色物や柄物には消毒用エタノールを使用する。 ※汚れがひどい場合には処分する。
洗えるもの	・定期的に流水で洗い、陽に干す。 ・乳児がなめるものは毎日洗う。 　乳児クラス：週1回程度 　幼児クラス：3か月に1回程度	・糞便や嘔吐物で汚れたものは、洗浄後に0.02～0.1％（200～1000ppm）の次亜塩素酸ナトリウム液に浸し、陽に干す。 ・色物や柄物には消毒用エタノールを使用する。
洗えないもの	・定期的に湯拭き又は陽に干す。 ・乳児がなめるものは毎日拭く。 　乳児クラス：週1回程度 　幼児クラス：3か月に1回程度	・糞便や嘔吐物で汚れたら、汚れをよく拭き取り、0.05～0.1％（500～1000ppm）の次亜塩素酸ナトリウム液で拭き取り、陽に干す。
砂場	・砂場に猫等が入らないようにする。 ・動物の糞便・尿は速やかに除去する。 ・砂場で遊んだ後はしっかりと手洗いする。	・掘り起こして砂全体を陽に干す。

出典：厚生労働省「保育所における感染症対策ガイドライン（2018年改訂版）」p.69, 2018.

調乳室

　調乳室は常に清潔を保ち、調乳時には清潔なエプロンや三角巾などを着用し、手を洗う。調乳は調乳マニュアルを作成し、それに従って行う。哺乳瓶や乳首などの調乳器具は薬液消毒や煮沸消毒をして使用し、使用後もよく洗い消毒して保管する。開封後の粉ミルクは使用開始日を記入し、湿気を吸いやすいので特に気をつけて衛生的に保管し、賞味期限にかかわらず早め（1か月以内）に使用する。粉ミルクはサルモネラ菌等による食中毒対策として、70℃以上のお湯で調乳し、調乳後2時間以内に使用しなかったミルクは廃棄する。冷凍母乳等を取り扱う場合には、手を洗い、備品の消毒を行うなど衛生管理を徹底する。また母乳を介してうつる感染症もあるので、ほかの子どもに誤って飲ませることがないよう保管容器には名前を記入する。

歯ブラシ等

　歯ブラシやタオル、コップは個人用とし、貸し借りをしないようにする。また誤ってほかの子どもの物を使用させないよう気をつける。使用した歯ブラシは個別に水ですすぎ、湿っていると細菌が繁殖しやすいのでブラシを上にして清潔な場所で乾燥させる。歯ブラシやタオルを保管するときは、隣に置いたもの同士が接触しないようにする。

寝具

　布団やタオルケット、枕などの寝具は個人用とし、布団カバーをかけて使用する。定期的に布団を乾燥させ、布団カバーは洗濯する。尿や便、嘔吐物等で汚れた場合は熱消毒等を行う。

おむつ交換

　おむつ交換は手を洗うことができる決められた場所で行い、食事の場などとの交差を避ける。糞便処理の手順を徹底し、便を処理する際には使い捨て手袋を着用する。下痢便を処理する際には周囲の汚染を防ぐため、使い捨てのおむつ交換シートを敷いてから、おむつ交換を行うようにする。おむつを交換した後は石けんを使い、流水でしっかり手を洗う。使用後のおむつはビニール袋に密閉し、ふたつきの容器に保管し保管場所の消毒も行う。

トイレ

　子どもが使用するトイレは排泄が自立していなかったり、トイレを上手に使うことができなかったりして汚れやすい。便器や水まわり、ドア、ドアノブ、床やトイレ用のサンダルなどの毎日の清掃と消毒に加え、汚れたらその都度、清掃と消毒を行う。ドアノブや手すり、照明のスイッチなどは水拭きした後に消毒用エタノールや塩素系消毒薬等による消毒を行うとよい。ただし、ノロウイルス感染症が流行している場合は塩素系消毒薬を使用するなど、流行している感染症に合わせた消毒薬を選択する（**参考資料（186ページ）参照**）。

砂場

　砂場は寄生虫や大腸菌等で汚染されていることがあるので衛生管理は重要である。砂場で遊んだあとは石けんを使い、流水でしっかり手を洗うよう声をかける。動物の糞便等による汚染を防ぐために、動物が入らないような構造にする。砂場を使用しないときは、動物が入らないようにシートをかぶせるなどの対策をする。動物の便や尿等があった場合にはすみやかに除去し、消毒を行う（消毒方法は**図表3-1参照**）。砂場は定期的に掘り起こし、砂全体を日光にあてて消毒する。

園庭

　各保育所で安全点検表を作成し活用する。動物の糞尿があればすみやかに除去し消毒を行う。樹木や雑草、毛虫などの害虫、水溜まりなどがないか確認し、あれば駆除や消毒を行う。園庭におもちゃやじょうろを放置すると水溜まりを作る原因となるので、おもちゃやじょうろは使用後に片付ける。

プール

　簡易用の小さなビニールプールも含めて、水質管理を徹底する。「遊泳用プールの衛生基準」にしたがい、プールの水の遊離残留塩素濃度が0.4mg/Lから1.0mg/Lに保たれるように毎時間水質検査を行う。簡易ミニプール（ビニールプール等）についても塩素消毒を行う。濃度が低下している場合には消毒剤を追加するなど適切に消毒する。プール遊びをする前にシャワーで体を流したり、おしり洗いを徹底する。排泄が自立していない子どものプール遊びは個別のタライなどを用い、水を共有しないようにする。

Step1 レクチャー

飼育物

　ウサギや鳥など動物を飼育している場合は、飼育施設が常に清潔であるよう清掃する。飼育施設の掃除や動物の世話をしたあとは石けんを使い、流水でしっかり手を洗い、うがいをする。子どもとともに世話をする場合は、動物の毛などが原因で起こるアレルギー症状や喘息(ぜんそく)の既往のある子どもは特に気をつけ、マスクを着用したり、場合によっては世話を控える。

手洗い

　食事の前、調乳や配膳前、トイレやおむつ交換後、嘔吐物処理のあとなどには石けんを使い流水でしっかり手を洗う。洗い方については**第8講**の**演習2（90ページ）**を参照する。手を拭く際のタオルは個人用とし、タオルの共用は避ける。もしくは、ペーパータオルを使用する。固形石けんはその都度使用できる液体石けんに比べ、保管時に不潔になりやすいので注意する。また、液体石けんの中身を詰め替える際には、容器をよく洗い乾燥させてから詰め替えるようにする。

4. 消毒薬の種類と使い方

　かぜやインフルエンザなどの感染症が流行する時期やノロウイルス感染症が発生したときには手洗い、うがいはもちろんのこと消毒も重要になる。保育者は保育所において使用する消毒薬にはいろいろな種類があることを理解し、用途や目的によって正しく使い分けなければならない（**参考資料（186ページ）参照**）。例えば、ノロウイルスに消毒用アルコールは無効なので、ノロウイルスの感染が疑われるものを消毒用アルコールで消毒しても効果が期待できないのである。

Step 2

> **演習 1** 子どもたちが使うおもちゃの消毒方法を身につけよう

課題

① 子どもたちが常に衛生的なおもちゃで遊べるよう普段の取り扱い方を習得する。
② 普段の取り扱い方とは別に、嘔吐物などで汚れた場合の取り扱い方を習得する。

進め方

（1）準備するもの

身の回りのおもちゃ数個（ぬいぐるみやプラスチック製の人形など）、タオル、洗濯する場合には洗濯用洗剤、手洗いをする場合は洗面器やゴム手袋等、洗濯機が使える場合は洗濯機を利用する。

（2）方法

① 用意したおもちゃが「ぬいぐるみや布類」「洗えるもの」「洗えないもの」のどれに該当するのか見分ける。
② **Step 1** の図表 3−1 を参照に、普段の取り扱いのめやすを確認し、実践する。
例えば、ぬいぐるみの場合は洗濯し、陽に干しておく。陽に干した場合は中までしっかり乾くようにする。
③ 糞便や嘔吐物で汚れた場合の消毒方法についても確認し、まとめる。

解説

ぬいぐるみなど中に綿が入ったものは、特に内側が乾きにくいので気をつける。しっかり乾かさず内側が湿った状態だと菌が繁殖して衛生的でない。今回は糞便や嘔吐物で汚れた場合の消毒は行わないが、実際には次亜塩素酸ナトリウム液や消毒用エタノールを使用して消毒する。次亜塩素酸ナトリウム液は漂白作用があるため、色物や柄物には使用できない。その場合は消毒用エタノールを用いる。アルコールを含むウェットティッシュが使いやすい。

Step2 プラクティス

演習2　ビニール袋を使って簡易の使い捨てエプロンをつくってみよう

課題

① 嘔吐物の処理などに用いる使い捨てエプロンがない場合などに利用できる、ビニール袋で作る使い捨てエプロンのつくり方を習得する。

② ゴミ袋のほかにレジ袋などは、おむつカバーなどに代用できる。災害時にも役立つため、いろいろなビニール袋の活用方法を調べてみる。

進め方

（1）準備するもの

45L以上のゴミ袋（ゴミ袋1枚でエプロンが1枚できる）、はさみ

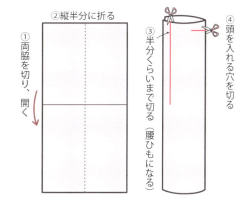

（2）作り方

① ビニール袋の両脇を切る。

② 開いたビニール袋を縦半分に折る。

③ イラストの位置に切り込みを入れる。

④ 実際に着用してみる。すその長さは腰ひもを結ぶときに調節する。

（3）外し方

① エプロンの胸のあたりを持って前に引くと首の後ろ側がちぎれて外れる。

② エプロンのすその部分は汚れた面を内側にするように腰のあたりまで折りたたむ。

③ エプロンの腰のあたりを持って前に引くと腰ひもがちぎれる。

④ 汚れた面が外側に出ないように、内側に小さく丸めて捨てる。

解説

エプロンは事前につくっておくと使用するときにあわてなくてすむ。一度使用したエプロンは汚れていないように見えても汚れているので必ず廃棄するようにする。エプロンを外すときは、汚れをひろげないために手を後ろに回さないようにする。手を後ろに回すと髪や背中に汚れがつくおそれがある。

Step 3

1. 職員の衛生管理

　保育所において施設内外の衛生管理を行うとともに、保育者自身が清潔を保つことも大切である。保育者自身が健康でないと、よりよい保育ができないばかりか、自らが感染症にかかったり、感染源になってしまう可能性もある。日ごろから健康に対する意識を高くもち、体調管理に努めることが大切である。

　具体的な対応として「保育所における感染症対策ガイドライン（2018年改訂版）」では次のような対応をあげている。下記を参考に今一度自分自身を顧み、常日ごろから体調を整え、衛生的な身支度となるよう心がけることが大切である。

- 清潔な服装と頭髪を保つ。
- 爪は短く切る。
- 日々の体調管理を心がける。
- 保育中および保育前後には手洗いを徹底する。
- せき等の呼吸器症状がみられる場合はマスクを着用する。
- 発熱やせき、下痢、嘔吐がある場合には医療機関へすみやかに受診する。また、周りへの感染対策を実施する（図表3-2参照）。
- 感染源になり得る物（尿、糞便、吐物、血液等）の安全な処理方法を徹底する。
- 下痢や嘔吐の症状がある、または化膿創がある職員については、食物を直接取り扱うことを禁止する。
- 職員の予防接種歴および罹患歴を把握し、感受性がある者かどうか確認する。

2. 調理体験と食中毒の予防

　食中毒は気温や湿度が高い夏場に起こりやすく、小さい子どもほど抵抗力がないため重症化しやすい。また夏場に多く発生しやすいと思われがちだが、ノロウイルスなどによるものは冬場に多く、1年を通して注意が必要である。

　調理にたずさわる者の体調管理、手洗い、調理器具などの消毒や食品の取り扱いには十分注意する。食中毒予防の三原則は、菌を付けない、増やさない、殺菌することである。

　保育所で行われる調理体験などにおいてもこれらに留意する。事前に子どもの爪を短く切ってもらうことを保護者に依頼する。調理体験前には、体調の悪い子どもがいないかを確認し、該当する子どもがみられた場合は参加を検討する。下痢をしていたり、手に傷のある子どもも同様である。調理に参加する子どもと保育者はエ

プロン、三角巾、マスクを着用し、調理前の手洗いも石けんを使い、しっかり行う。食品は加熱を十分に行い、調理したものはすぐに食べるようにする。また残ったものは処分し、持ち帰らないようにする。これらのことに気をつけ安全で楽しい調理体験となるようにしたい。

図表3-2　せきエチケット

飛沫感染による感染症が保育所内で流行することを最小限に食い止めるために、日常的に咳エチケットを実施しましょう。素手のほか、ハンカチ、ティッシュ等で咳やくしゃみを受け止めた場合にも、すぐに手を洗いましょう。

① マスクを着用する（口や鼻を覆う）
- 咳やくしゃみを人に向けて発しないようにし、咳が出る時は、できるだけマスクをする。

② マスクがないときには、ティッシュやハンカチで口や鼻を覆う
- マスクがなくて咳やくしゃみが出そうになった場合は、ハンカチ、ティッシュ、タオル等で口を覆う。

③ とっさの時は、袖で口や鼻を覆う。
- マスクやティッシュ、ハンカチが使えない時は、長袖や上着の内側で口や鼻を覆う。

出典：厚生労働省「保育所における感染症対策ガイドライン（2018年改訂版）」p.10, 2018.

参考文献

- 厚生労働省「保育所における感染症対策ガイドライン（2018年改訂版）」2018.
- 文部科学省「学校環境衛生管理マニュアル 「学校環境衛生基準」の理論と実践［平成30年度改訂版］」2018.
- 東京都福祉保健局「施設で決める換気のルール」2013.
- 東京都福祉保健局「食中毒を防ごう！」2014.

第4講

事故防止および安全対策

日本の子どもの死因の上位は、交通事故、溺水、窒息、転倒・転落、火災などの不慮の事故で、毎年多くの子どもが不慮の事故により命を落としている。また、死亡には至らなくても、公園や園庭の遊具でのけがや、保育施設に不審者が侵入するなどの子どもの安全を脅かす事件が発生している。

本講では子どもの事故の現状と課題を学び、子どもが集団で長い時間を過ごす保育施設での事故防止対策や安全対策を考えていく。

Step 1

1. 保育施設での事故

　保育施設で発生している事故の多くは、ブランコなど遊具からの転落や友達とじゃれあっていての転倒、着替え時の脱臼などの軽傷であるが、ときには遊具に指をはさみ切断したり、プールで溺れるなどの重大事故も発生している。また、ベビーベッドの柵の上げ忘れによる転落やおもちゃの取り合いによるけんかなど、保育者や友だちが原因となって起きてしまう事故も少なくない。保育施設は保護者から安全に子どもを預かる責任と義務をもって運営されているため、十分な危機管理や事故防止対策を立てて事故が発生しない保育を行うことは絶対条件である。

　しかし、大勢の子どもが集まって生活しているなかで事故をゼロにするということは非常に難しい。そこで、万が一事故が発生してしまった場合には的確な対応を行い、なぜそのような事故が起きてしまったのかを十分検証し、同じような事故が再び繰り返されることがないように、事故防止対策を立て直す必要がある。

2. 保育中に発生した事故の報告

　保育中に万が一事故が発生した際には、迅速な対応とともに、情報提供やその後の改善策や対応策までを保護者や関係機関に報告し、保護者が安心して子どもを預けられるようにすることが重要である。

　2015（平成27）年にスタートした「子ども・子育て支援新制度」において、特定教育・保育施設および特定地域型保育事業などすべての事業者は、「死亡事故」または「治療に30日以上を要する負傷や疾病」などの重大事故が発生した際は、所管の市町村、都道府県に報告することになった。この報告は、事故の発生、再発を防止するために行われるもので、発生時の様子、発生状況、発生後の対応について第1報は事故発生当日または遅くても翌日に、第2報は1か月以内に、事故の発生要因分析や検証結果はでき次第報告することとされている（図表4-1）。

　また、この新制度により、今まで厚生労働省より「保育施設における事故報告集計」として公表されていた事故集計が、2016（平成28）年より内閣府子ども・子育て本部より「教育・保育施設等における事故報告集計」として公表されるようになった。2018（平成30）年5月に公表された2017（平成29）年1～12月に教育・保育施設等で発生した重大事故は1242件あり、そのうち死亡事故は8件で、負傷等の報告が1234件であった（図表4-2）。

Step1 レクチャー

図表4-1 特定教育・保育施設等 事故報告様式（記載例）

認可	施設・事業種別	保育所	地域子ども・子育て支援事業別	一時預かり	平成○年○月○日／第○報		
自治体名	○○県○○市				施 設 名	○○保育園	
所 在 地	○○市○○1-1-1				開設（認可）年月日	昭和○○年○月○日	
設 置 者	○○法人○○会				代表者名	○○ ○○	
在籍子ども数	0歳	1歳	2歳	3歳	4歳以上	計	
	○○	○○	○○	○○	○○	○○	
教育・保育従事者数	○○ 名				うち保育教諭・幼稚園教諭・保育士	○○ 名	
うち常勤教育・保育従事者	○○ 名				うち常勤保育教諭・幼稚園教諭・保育士	○○ 名	
保育室等の面積	乳児室 ○㎡・ほふく室 ○㎡・ 保育室 ○㎡・ 遊戯室 ○㎡ ○○室 ○㎡・ ㎡・ ㎡・ ㎡						
事故対応マニュアルの状況	無				事故予防に関する研修の直近の実施日	実施していない	
事故発生日時	平成○○年○月○日				15時30分頃		
子どもの年齢・性別	1歳5ヶ月 男児				入園・入所年月日	平成○○年○月○日	
病状・死因等（既往症）	窒息による低酸素性脳症により死亡 既往症：なし				病院名	○○病院	
発生時の体制	1歳児 3名		教育・保育従事者 2名		（うち保育教諭・幼稚園教諭・保育士 2名）		
発生場所	1歳児クラスのほふく室						
発見時の子どもの様子	おやつを食べている際に、本児が急に泣き出した。保育士が口内のものを出そうとしたが、嫌がっていた。保育士が口内に指を入れて、かき出していたが本児の唇が青くなったことに気がついた。背中を強く叩いたが、何も出てこず、段々、泣き声が弱々しくなった。						

発生状況	時 間	内 容
（当日登園時からの健康状況、発生後の処置を含め、可能な限り詳細に記入。なお、第1報においては、可能な範囲で記入。）	7：30	登園。検温○度。本児は普段と変わらない様子で過ごす。
	14：20	本児ほか2児が寝ている。
	15：10	午睡から目覚め、おやつを食べる準備をする。
	15：20	本児はケーキ（○○製菓××ケーキ（縦2cm、横2cm、厚さ2cm））をほおばりながら食べるという食べ方をしていた。2つ目に手を伸ばし、食べていた。この時、担任保育士は少し離れた場所で他児の世話をしていた。 ケーキを食べた本児がびっくりした表情になった。椅子に腰掛けていて、苦しそうな様子はなかった。その後、急に声を出して泣き出した。保育士が口内のものを出そうとしたが、嫌がっていた。保育士が口内に指を入れて、かき出していたが本児の唇が青くなったことに気がついた。背中を強く叩いたが、何も出てこず、段々、泣き声が弱々しくなった。
	15：25	看護師を部屋に呼んだ後、救急車を要請。口に手を入れ開かせた。背中を強く叩いたが、何も出てこない。泣き声が次第にかすれ声になり、体が硬直してきた。 看護師が到着した頃に、チアノーゼの症状が見られた。呼吸困難で、手は脱力した状態であると確認した。 看護師が脈をとるとかなり微弱で、瞳孔が拡大している。本児がぐったりとし、顔等が冷たいのを確認。心臓を確認すると、止まっている様に感じ、心臓マッサージを行う。
	15：33	救急隊が到着し、心肺蘇生等を実施し、病院へ搬送。
	15：45	病院到着。意識不明であり、入院。
	○月○日	意識が回復しないまま死亡。

当該事故に特徴的な事項	普段は0歳児クラスで保育していたが、この日は1歳児クラスと合同で保育していた。
発生後の対応（報道発表を行う（行った）場合にはその予定（実績）を含む。）	・園の対応 ○／○ 保育園において児童の保護者と面談 ○／○ 保育園で保護者説明会 ○／○ 理事会で園長が説明 ・市の対応 ○／○ 記者クラブへ概要を説明

資料：内閣府「特定教育・保育施設等 事故報告様式」 http://www8.cao.go.jp/shoushi/shinseido/law/kodomo3houan/pdf/s-jikohoukoku-b1.pdf

第4講 事故防止および安全対策

図表4-2 教育・保育施設等における死亡および負傷等の事故概要

	負傷等				死亡	計	(参考)施設・事業者数（時点）
		意識不明	骨折	火傷	その他			
幼保連携型認定こども園	72	0	54	0	18	1	73	3,618か所（H29.4.1）
幼稚園型認定こども園	7	0	5	0	2	0	7	807か所（H29.4.1）
保育所型認定こども園	10	0	9	0	1	0	10	592か所（H29.4.1）
地方裁量型認定こども園	1	0	1	0	0	0	1	64か所（H29.4.1）
幼稚園	24	0	21	0	3	0	24	5,596か所（H29.4.1）
認可保育所	727	7	587	4	129	2	729	23,410か所（H29.4.1）
小規模保育事業	6	0	5	1	0	0	6	3,494か所（H29.4.1）
家庭的保育事業	0	0	0	0	0	0	0	926か所（H29.4.1）
居宅訪問型保育事業	0	0	0	0	0	0	0	12か所（H29.4.1）
事業所内保育事業（認可）	1	0	0	0	1	0	1	461か所（H29.4.1）
一時預かり事業	2	0	0	0	2	0	2	9,494か所（H28実績）
病児保育事業	0	0	0	0	0	1	1	2,572か所（H28実績）
子育て援助活動支援事業（ファミリー・サポート・センター事業）	5	0	5	0	0	0	5	833か所（市区町村）（H28実績）
子育て短期支援事業（ショートステイ・トワイライトステイ）	0	0	0	0	0	0	0	ショートステイ 764か所 トワイライトステイ 386か所（H28交付決定）
放課後児童クラブ	362	0	332	0	30	0	362	24,573か所（H29.5.1）
企業主導型保育施設	2	0	2	0	0	0	2	企業主導型保育施設 694か所（H29.12.31）
地方単独保育施設	8	0	5	0	3	0	8	認可外保育施設 6,923か所 事業所内保育施設 4,561か所（H28.3.31）
その他の認可外保育施設	7	2	4	0	1	4	11	
認可外の居宅訪問型保育事業	0	0	0	0	0	0	0	80か所（H28.3.31）
計	1234	9	1030	5	190	8	1242	

※ 地方単独保育施設とは、都道府県又は市区町村が、認可外保育施設の設備や職員配置等に関する基準を設定し、当該基準を満たすことを条件として、その運営に要する費用について補助を行う等する認可外保育施設のことをいう。
※ 「意識不明」は、事故に遭った際に意識不明になったもの（平成27年は、その後、意識不明の状態が回復したものも含む。）
※ 「骨折」には、切り傷やねんざ等の複合症状を伴うものが含まれる。
※ 「その他」には、指の切断、唇、歯の裂傷等が含まれる。

資料：内閣府子ども・子育て本部「平成29年教育・保育施設等における事故報告集計の公表及び事故防止対策について」

3. 保育施設での事故の原因と対応

　保育施設での事故は、1週間のなかでは金曜日に発生する頻度がやや高く、これは週末は子どもも保育者も疲れがたまって不注意になるためではないかと推察されている。さらに夏休みや冬休みなどの長期休暇明けや月曜日なども、家庭生活から集団生活への切り替えができず、不注意になりがちなので注意する必要がある。

　事故の発生が多い時間は外遊びなど活発な活動をしている時間帯で、発生が少ない時間は午睡や保育室で過ごしている時間帯であるため、保育時間のなかでも活動内容に応じた配慮が必要とされる。保育者の不注意によるけがは、保護者とのトラブルに発展したり、園の管理責任を問われる社会問題になることもあるため、保育者は子どもの命を預かっている自覚と責任を常にもって保育を行うようにする。事故を防止するには屋内、屋外の保育設備の点検や環境整備とともに、子どもに安全に過ごすためのルールや危険なポイントを繰り返し伝えていくことが重要である。

　また、被害者と加害者がいる事故の場合には、担任や園長が両者の間に入って、被害者へていねいな対応をするとともに、加害者からの話も聞くようにし、双方の気持ちを汲んだ対応を心がけることが、円満な解決につながる。

4. 事故防止および事故発生時の対応のためのガイドライン

　教育・保育施設等での事故報告集計を基に、内閣府、文部科学省、厚生労働省により設置された検討会では、各施設・事業者、地方自治体における事故発生の防止等や事故発生時の対応の参考となるように「教育・保育施設等における事故防止及び事故発生時の対応のためのガイドライン」を2016（平成28）年3月に作成した。

　このガイドラインには、睡眠中、プール活動・水遊び中、食事中や玩具の誤嚥、食物アレルギーなど重大事故が発生しやすい場面ごとの注意事項や、事故が発生した場合の具体的な対応方法、安全な教育・保育環境を確保するための配慮点などが記載されている。特に、認可外保育施設での死亡事故が多く、なかでも午睡中の死亡が多いことから、睡眠中の窒息リスクの除去方法等、重大事故が発生しやすい場面ごとの注意事項を記載した啓発資料等を地方自治体に通知し、併せて、自治体説明会や各種研修会においてもガイドライン等で事故防止の周知徹底を行っている。

　ガイドラインに記載されている内容や助言を参考にして、保育施設・事業者、地方自治体がそれぞれの実情に応じて、施設内外の安全点検や危険箇所の点検、安全体制づくりなどを行い、保育全体における安全確保に努めることが重要となる。

Step2

演習1 保育における危険な箇所を探してみよう

課題

① 子どもがけがをする可能性がある危険な場面や場所を考える。
② 危険箇所をどのように改善したらよいか、考える。

進め方

(1) 準備するもの

子どもたちが遊んでいる保育室や園庭、公園などのイラストや写真を用意する。

(2) 方法

保育室や園庭のイラストや写真を見て、子どもがけがをする可能性がある箇所に〇を付け、どのような工夫や改善をしたらけがを防げるか、話し合う。

＜保育室＞

Step1 **Step2 プラクティス** Step3

<園庭>

保育室

危険箇所	けがの可能性	改善策
例）ピアノのふたが開いている	指をはさむ	使用していないときはふたを閉める

園庭

危険箇所	けがの可能性	改善策
例）石が落ちている	つまずいて転ぶ	毎朝、必ず園庭の掃除をする

第4講 事故防止および安全対策

演習 2　チャイルドマウスと誤飲防止ルーラーを作成してみよう

課題

① 子どもが誤飲する可能性がある物を考える。
② 子どもの身体的特性を考慮した誤飲防止策を考える。

進め方

（1）準備するもの

　スーパーボール、電池、お金、ミニトマトなど子どもがよく誤飲する物と、ハサミ、のりなど。

（2）方法

① チャイルドマウスをコピーし、ハサミとのりを使用して作成する。
② 誤飲防止ルーラーをコピーし、切り取る。
③ チャイルドマウスや誤飲防止ルーラーに入る物、入らない物を確認し、子どもの口の大きさから誤飲対策を考える。

図表4-3　チャイルドマウス（子どもの口）

1～2歳の子どもが口を開けたときの大きさは直径約32mmである。

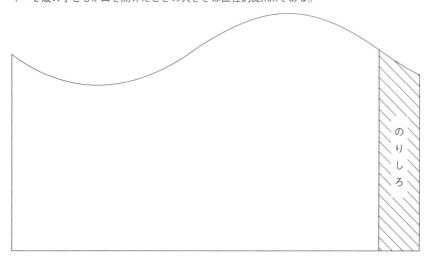

Step1　**Step2 プラクティス**　Step3

図表4-4　誤飲防止ルーラー

3歳の子どもが口を開けたときの大きさは直径約39mm、のどの奥までは約51mmある。

〈最大口径等〉

3歳の子どもが口を開いたときの最大口径 約39mm　　のどの奥まで 約51mm

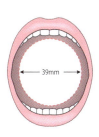
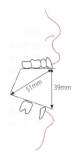
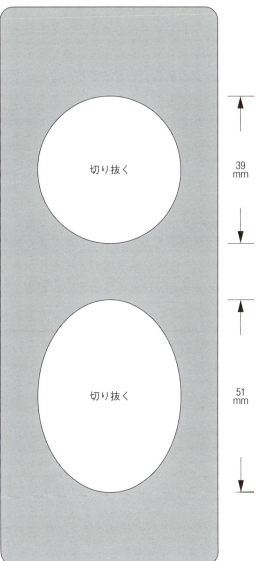

切り抜く　39mm

切り抜く　51mm

チャイルドマウス
完成図

＊箸や鉛筆などは長いため飲み込む危険性は低いが、細くてかたいため、のどに刺さる危険性がある。
またタバコはやわらかいので折り曲げれば口に入り飲み込む可能性がある。このように少しでも飲み込んだりする危険性があるものは、床から1m以上高い、子どもの手の届かない場所に置くようにする。

第4講　事故防止および安全対策

Step 3

1. 防げる事故と防げない事故

　事故のなかには地震や雷、竜巻のような天災や、突発的に発生するかみつき事故のように防げない事故もあるが、それ以外の事故は事前にしっかりと環境整備を行い、防止対策を立てることで未然に防ぐことができるものが多い。特に子どもの事故は、発達段階に合わせて特徴的に発生しているため、身体発育や運動機能や心の発達などを理解することにより、ある程度の防止対策を考えることができる。

　生後1年間の子どもは、寝ているだけの状態からお座り、はいはい、つかまり立ち、一人歩きと日々運動機能が発達し、今までできなかったことができるようになる。また、1歳を過ぎ一人歩きが始まると活動範囲が大きく広がり、手先も徐々に器用になり小さい物などがつかめるようになるため、転倒・転落や誤飲、交通事故、溺水(できすい)などさまざまな事故が発生する可能性がある。

　子どもの運動機能は大人と比較するとまだ未熟で、想像力を使って危険を予測する能力も低いため、保育者は子どもの発達過程を理解し、一人ひとりの発育発達をよく観察しながら、少し先回りをした事故防止対策を考えなければならない。

2. 事故によるトラブル

　保育施設では大勢の子どもが集団で生活をしているため、どんなに注意をしていても防げない事故がある。しかし、保育者の不注意や施設の整備不良などによる事故は、保育者の管理能力や施設の管理責任を問われるトラブルに発展する可能性を秘めている。確かに保護者の過剰反応のような指摘を受けることもあるが、実際に子どもが事故で痛い思いや辛い経験をしたことに対し、保育者は真摯(しんし)に向き合い対応しなければならない。

　万が一事故が発生した際は、迅速かつ適切な対応が何よりも重要であるが、園で事故が発生し、その後トラブルとなるものに「園の対応不足」「病院の選択や治療内容に対する不満」「加害者に関連するもの」などがある。特に、被害者と加害者がいる事故の場合には、園長や担任が両者の間にはいって円満な解決の手助けをすることになる。

　そのような際には両者の話を聞き、両者の気持ちを汲(く)んだ対応を行い、できる限り遺恨を残さないように心がける。また、発生した事故の情報を適切に提供し、その後の改善策や対応策までを保護者に伝え、二度と同じ事故を起こさないという強い決意を表していくことが、保護者との信頼関係の回復につながる。

3. 事故による経済的損失

　日本は、世界の中で新生児死亡率、乳児死亡率が低い国として知られているが、1～4歳の子どもの死亡率はほかの先進国と比較して高い。その理由はまだ明らかにされてはいないが、日本の小児救急医療体制や小児医療体制の整備の遅れ、小児科医不足、小児医療の不採算性などが関与していると考えられている。特に、近年の日本において小児科を標榜（ひょうぼう）している施設が減少していることは保育施設にとっても大きな問題であり、子どもがけがをした際の搬送先の病院について、常時、新しい情報を確認し、万が一の際に医療機関とスムーズな連携が取れる体制を整えることが重要である。

　事故でけがをして医療機関を受診したり入院したりすると国の医療費が使用される。近年、子どもへの医療費助成制度が充実し、小学校または中学校卒業時までに拡大している市区町村が増加したことにより、この助成制度を利用すると保護者の医療費負担は少なくなったが、けがが多発したり、後遺症を残し長期にわたる治療が必要になったりすると、国への大きな経済的損失が発生する。また、現代の少子社会で子どもが事故などにより死亡してしまうと、将来的な国の生産力や納税状況などに影響を与えることも考えられる。命の代償（だいしょう）となるものは存在しないため、万が一の際にはできる限り最善の治療を行うことに異論はないが、昨今の医療費増加や国の財力などの現状を考えると、このような角度から事故による経済的損失を考えてみることも重要である。

　また、マスコミに取り上げられるような大きな事故が保育施設で発生すると、施設や保育者への信頼がゆらぎ、場合によっては損害賠償（ばいしょう）を問う裁判などに発展することもある。一度失った信用を取り戻すことは容易ではなく、その後の入所募集などにも影響を及ぼす可能性もあるため、重大事故が発生した際は慎重かつていねいな対応をしなければならない。

　また、社会的責任として十分な保障ができるように、保育施設や保育者が保険に加入することなどが望まれる。

参考文献

- 厚生労働省「平成29年（2017）人口動態統計」2018.
- 内閣府子ども・子育て本部「平成29年教育・保育施設等における事故報告集計の公表及び事故防止対策について」2018.
- 内閣府子ども・子育て本部「教育・保育施設等における事故防止及び事故発生時の対応のためのガイドライン」2016.
- 田中哲郎『保育園における事故防止と安全管理』日本小児医事出版社，2011.
- 田中哲郎『保育士による安全保育』日本小児医事出版社，2016.
- 鈴木美枝子編『これだけはおさえたい！ 保育者のための子どもの保健Ⅰ 第4版』創成社，2018.
- 鈴木美枝子編『これだけはおさえたい！ 保育者のための子どもの保健Ⅱ 第2版』創成社，2018.
- 厚生労働省『国民衛生の動向 2018／2019年』2018.
- 子どものからだと心・連絡会議『子どものからだと心白書2018』ブックハウス・エイチディ，2018.

COLUMN　安全教育・安全指導

　子どもの事故の多くは子どもの発育・発達特性の理解や環境整備により防止可能であるが、同時に子ども自身が安全や危険を認識し、自分で自分の身を守ることを学んでいく必要がある。子どもが「ダメ」という言葉の意味を理解できるようになるのは1歳3か月ごろとされ、禁止命令を理解して行動に移すことができるようになるのは1歳6か月以降と考えられているため、安全教育はこのような言語理解を考慮して開始するとよい。また、危険を理解して行動しているように見えても、子どもの記憶力や想像力の未熟さによりその場限りのこともあるため、真の理解を得るまで繰り返し指導していく。

　子どもの行動は周囲の大人を模倣することから始まる。よって、保育者や保護者が子どもの目線で一緒に行動し、日常生活の具体的な場面を通して安全な行動、身を守る行動を教えていくことが重要である。また、子どもに与える玩具や遊具にはSGマーク（Safety Goods）やSTマーク（Safety Toy）がついているものを選ぶようにする。

（内山有子）

第5講

災害への備えと危機管理

本講では、災害への備えおよび危機管理の重要性について学ぶ。災害が発生した際を想定し、保育現場で必要とされる①災害対策、②危機管理について取り上げ、保育士としてとるべき行動について学ぶ。

Step1ではこれらを解説し、Step2では演習形式で学ぶ。そしてStep3では、災害時に求められる判断力と行動力について学ぶ。

Step 1

1. 災害対策

　災害対策基本法では、災害を「暴風、竜巻、豪雨、豪雪、洪水、崖崩れ、土石流、高潮、地震、津波、噴火、地滑りその他の異常な自然現象又は大規模な火事若しくは爆発その他その及ぼす被害の程度においてこれらに類する政令で定める原因により生ずる被害をいう」と定義している。わが国では、台風や近年の異常気象等により、毎年のように激甚災害に指定されるような災害が発生している。

　2011（平成23）年3月11日に発生した東日本大震災では、マグニチュード9.0という巨大地震とともに、東北の太平洋沿岸部に津波が押し寄せ、甚大な被害が生じた。1995（平成7）年に発生した阪神・淡路大震災は早朝に起き、多くの人が自宅で被災したため、犠牲になった人の死因は家屋の倒壊による圧死がほとんどであったが、東日本大震災は、平日の昼間に発生したため、地震の揺れそのものよりも、地震の後に押し寄せた津波に巻き込まれたことによる水死がほとんどであった。この震災では福島第一原子力発電所も津波による被害を受け、大量の放射性物質の漏洩をともなう重大な原発事故を引き起こした。被害の状況は関東地方から北海道までの広範囲に及び、死者は約1万6000人、行方不明者は約2500人、負傷者は約6200人（2018（平成30）年9月現在）という戦後最大の被害となった。

　災害がいつ発生するかを予測することは難しく、時間帯や場所によってその被害の規模が違ってくる。そのため、日ごろから防災対策および危機管理対策を講じておくことが必要となる。特に幼い子どもの命を預かる保育現場においては、いつ災害が発生しても適切な対応ができるように対策を講じておくことが重要である。

2. 危機管理

　2017（平成29）年告示の保育所保育指針には、「第3章 健康及び安全」において「4 災害への備え」が新たに項目として立てられた。災害への備えとして、①施設・設備等の安全確保（防火設備や避難経路等の定期的な点検、備品や遊具等の整備）、②災害発生時の対応体制および避難への備え（緊急時の対応に関するマニュアルの作成、定期的な避難訓練の実施、保護者との連携の確認）、③地域の関係機関等との連携（避難訓練等を含めた地域の関係機関との日常的な連携）を行うことが記されている。保育所においては、日ごろから全職員が危機管理への意識をもち、環境整備を行うこと、さまざまな状況を想定した訓練を行うことなど、危機管理体制を構築しておくことが求められる。

危険箇所の点検

　災害発生時に問題となるのは、保育所の立地条件に加え、建物の耐震強度や構造である。ハザードマップなどを活用し、保育所がどのような場所に建てられているのかを確認し、また災害によって発生することが考えられる危険を予測し、あらかじめ対策を講じておくことが必要になる。

（1）保育室

　保育室内で最も危険なのは、ピアノや棚などの備品が倒れて子どもが下敷きになってしまうことである。また窓ガラスや照明器具が割れて飛び散ったり、物が落下してけがにつながることもある。室内にある備品を固定しておくことや、窓ガラスに飛散防止シートを貼っておくことなどの防止策を採っておく。

（2）園庭

　災害発生時には、園庭に避難することが多い。その際、ブロック塀や固定遊具の倒壊などで二次被害を受けることがないよう、日ごろから強度の点検をしておく。

（3）避難場所までの道程

　保育所の子どもたちを連れて行く避難場所、避難ルート、所要時間、避難方法、避難場所までの危険箇所の有無などを確認し、繰り返し避難訓練をしておく。避難ルートは、2通り以上設定しておくことが望ましい。

避難訓練の実施

（1）避難訓練

　児童福祉施設の設備及び運営に関する基準（昭和23年厚生省令第63号）では、消火用具・非常口等の設備の設置、非常災害に対しての具体的計画の策定と訓練、避難訓練・消火訓練は少なくとも毎月1回実施することを定めている。保育所は、災害の発生に備え、さまざまな状況を想定した避難訓練計画や子どもの発達段階に応じた危機管理マニュアルを作成し、そのマニュアルにそって、訓練を実施することが求められる。例えば、登降園時、遊んでいるとき、昼食時、午睡時など時間帯や曜日、災害の種類や火事の火元を変えての実施、園内に留まる場合と避難場所に逃げる場合の訓練の実施、保護者への引き渡し訓練の実施などを計画的に行う。訓練の後は、マニュアルの見直しなど改善点を話し合い、より安全な方法について検討する。

　災害発生時には、関係機関や地域との連携も欠かせないため、避難訓練の際にも協力をあおぐなどして、協力体制を整備しておく。

（2）防災教育

　子どもたちには、日ごろから防災教育を行っておく必要がある。避難訓練のときだけでなく、災害や火事の怖さ、命の大切さ、危険なことから自分の身をどのようにして守るかなど、機会をとらえて伝える。災害を題材にした絵本や紙芝居を活用したり、過去の災害についての話をするなど、子どもの年齢や発達に応じて理解しやすい方法で教育し、子ども自身の防災意識を高める。

不審者等の侵入防止のための危機管理体制

　外部からの不審者の侵入対策は、①侵入させないための対策、②不審者侵入時の対策が重要である。侵入させないための対策としては、園内に簡単に入ることができないような防犯体制（門の施錠、塀の設置など）、不審者を早期発見するための体制（防犯カメラを複数箇所に設置、保護者や業者に対する名札やIDカード等の所持の依頼など）が必要である。不審者侵入時の対策としては、警察への通報、全職員への連絡体制の整備、子どもたちの安全確保を行うための方策を立てておくことが必要である。

子どもの精神保健面への対応

　災害や火災などの緊急事態を体験すると、子どもたちは恐怖感や喪失体験などの心理的ストレスによって情緒的（じょうちょてき）に不安定になる。例えば、夜眠れなくなる、ちょっとした揺れや物音に敏感に反応する、落ち着きがなくなる、イライラする、親と離れるのを嫌がる、赤ちゃん返りをしたようになる（退行現象）など、さまざまな反応がみられることがある。これらは、こころに受けた傷をうまく処理できないために起こる正常なストレス反応であり、時間とともに軽快していく。しかし、一見元気にしているようにみえても、実は言いたいことやつらい思いを表に出せない子どももいるため、注意深く見守ることが必要である。子どもが不安な気持ちを自分のなかに閉じ込めてしまわないよう、子どもが発するサインを見逃さず、じっくりと話を聞いたり、遊びによってストレスを発散できるようにすることが重要である。場合によってはストレス反応が長期に及ぶこともあり、その後の成長・発達に大きな影響を及ぼすこともあるため、特別な配慮が必要な子どもがいれば、保護者とも話し合い、専門家への相談を行う。

3. 災害時の家族への連絡

　大規模災害発生時には通信網の混乱が起こるため、必ずしもすぐに保護者と連絡をとれるとは限らない。連絡手段がなかったり、保護者がすぐに子どもを引き取りに来られない可能性もある。そのため、日ごろから保護者と災害時の対応について話し合っておくことが必要である。例えば災害用伝言ダイヤルの利用や、保育所のWebサイトでの情報発信などの方法が考えられる。通信手段がない場合には、避難場所を知らせる貼り紙を貼るなど、複数の手段を決めておき、保護者にも知らせておく。

　子どもの引き渡しについては、トラブルに発展することもあるため、緊急時の対応について保護者と取り決めをしておくことが必要である。

4. 非常持ち出し品と備蓄品

　災害発生時には、すぐに非常持ち出し袋を持ち出せるよう準備しておく。また、災害が発生し、子どもや職員がしばらく保育所で待機しなければならなくなったときのために、数日間の必要物資も備蓄しておく。

図表5-1 非常持ち出し袋に入れておきたいもの

種類	物品
書類	園児名簿、出席簿、緊急連絡網、引き渡しカード、関係機関連絡先　など
食料品	水、非常食、お菓子　など
救急用品	常備薬、救急薬品、絆創膏、ガーゼ、包帯、冷却シート、ピンセット、体温計　など
光熱用品	懐中電灯、乾電池、ろうそく　など
日用品	タオル、着替え、ティッシュペーパー、ウェットティッシュ、文房具、軍手、ビニール袋、シート、紙皿、紙コップ、トイレットペーパー、新聞紙、食品用ラップフィルム　など
乳児用品	紙おむつ、おしりふき、おんぶひも、粉ミルク、哺乳瓶　など
情報機器	モバイルノートパソコン、ラジオ、携帯電話、携帯電話用電池式充電器　など

図表5-2 備蓄品として準備しておきたいもの

種類	物品
食料品	水、乾パン、米、非常食、缶詰、調味料、お菓子　など
救急用品	救急薬品、ガーゼ、包帯、絆創膏、体温計、止血帯　など
光熱用品	懐中電灯、乾電池、ろうそく、ライター、マッチ、自家発電機、カセットボンベ　など
日用品	タオル、着替え、ティッシュペーパー、ウェットティッシュ、文房具、軍手、ビニール袋、シート、紙皿、紙コップ、トイレットペーパー、新聞紙、食品用ラップフィルム、ペーパータオル、割り箸、スプーン、毛布、簡易トイレ　など
乳児用品	紙おむつ、おしりふき、おんぶひも、粉ミルク、哺乳瓶、離乳食、おもちゃ、絵本　など
情報機器	ラジオ

Step2

演習1 自分が住んでいる地域のハザードマップをみてみよう

課題

① 自分が住んでいる地域の特性について、管轄の役所に設置してある地図や、地域で配布されている地図、国土交通省のハザードマップポータルサイト（http://disapotal.gsi.go.jp/）などを用いて調べる。
② 自分が住んでいる地域周辺ではどのような危険が起こり得るかを予測する。
③ 避難場所と避難経路を調べ、実際に歩いてみて、気づいたことをまとめる。

進め方

（1）準備するもの

　図表5-3は、兵庫県西宮市の津波ハザードマップである。この図は、南海トラフ巨大地震の津波による浸水被害を予想した区域や避難場所を記載している。また図表5-4は洪水・土砂ハザードマップである。このようなハザードマップは、国土交通省ハザードマップポータルサイトから閲覧することができる。また自治体の窓口にはハザードマップが置かれており、地域でも配布されている。

（2）方法

① 各自の居住地の被害予想ができるハザードマップを準備し、地理的な特徴や、危険箇所、避難場所について調べる。海抜何メートルの位置にあるのか、地形の特徴や地盤の強度はどの程度であるのか、過去に経験した災害なども調べてみる。例えば、山間部であれば、大雨が降ったときに土砂災害が起こる可能性があるとか、沿岸部であれば、大きな地震が起きたときに津波が発生する可能性があるなど、地域特性からどのような災害が起こる可能性があるのかを調べる。
② 避難場所と避難経路を調べ、実際に歩いてみて、気づいたことをまとめる。
③ 個人で考えた被害状況や、そのためにどのような備えが必要か、災害発生時にどのような行動が必要かを小グループで話し合ったり、クラスのなかで発表し合う。

Step1 **Step2 プラクティス** Step3

図表5-3 津波ハザードマップ（兵庫県西宮市）

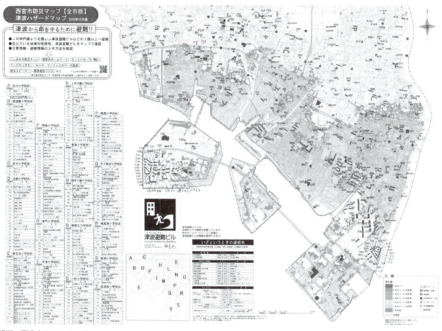

資料：西宮市ホームページ

図表5-4 洪水・土砂ハザードマップ（西宮市 JR 神戸線より北）

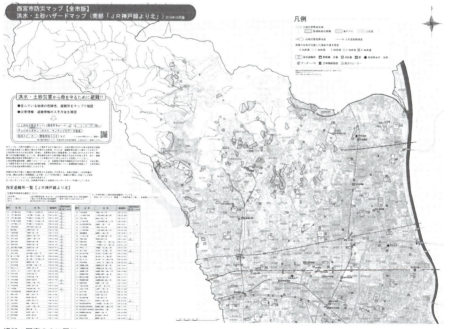

資料：図表5-3に同じ

第5講 災害への備えと危機管理

演習2　保育現場での危険箇所を考えてみよう

課題

① 保育室や園庭での危険箇所を点検し、どうすれば子どもたちが安全に過ごせるかを考える。
② 子どもたちへの安全教育としてできることを考える。
③ 保育中に災害が発生したとき、保育士はどのような行動をとることが必要かを考える。

進め方

(1) 準備するもの

　実習園など観察が可能な保育所の園舎や保育室、園庭の見取り図を描いてみる。保育所の保育室は、年齢に応じた構造になっており、室内の備品も年齢や発達に応じたものが備えられている。室内の備品は保育士のどのような意図がはたらいて備えつけられているかを読み取りながら描くようにする。

(2) 方法

① 各自が描いた園舎や保育室、園庭の図をみて、それぞれの場所で考えられる危険なことを書き込んでいく。例えば、段差がある所やすべりやすい所、備品が落ちてきそうな所、子どもが触ると危ない所など、何がどのように危険であるのか、子どもの目線で考えてみる。
② それをグループでもち寄り、各自が気づいたことについて話し合い、自分が読み取れなかった所を埋めていく。
③ 図に書き込んだことを**図表5-5**にまとめる。
④ それぞれの危険箇所について、危険を回避するためにできることについて考える。
⑤ 子どもたちに危険箇所をどのように伝えるか、安全教育をどのように行うかについてグループで話し合う。
⑥ 保育中に災害が発生したとき、保育士はどのようにして子どもの身の安全を守ることが必要かをグループで話し合う。

Step1 | **Step2 プラクティス** | Step3

図表5-5 園舎・園庭などの危険箇所

場所・備品		危険が予測されること	危険を回避するための方法
園庭	門扉	・登園時間帯は開いたままになっていることがあり、子どもが勝手に出入りしてしまう可能性がある。	・登園時は門から入ったときに必ず閉めるよう保護者に依頼する。
	塀		
	固定遊具		
	砂場		
	遊具		
	その他		
園舎内	玄関		
	廊下		
	階段		
	保育室		
	出入り口		
	トイレ		
	手洗い場		
	窓		
	棚		
	机		
	おもちゃ		
	暖房器具		
	調理室		
	ホール		
	その他		

第5講 災害への備えと危機管理

Step 3

1. 災害時に求められる判断力と行動力

　Step 1で述べたように、わが国では、台風や近年の異常気象等により、毎年のように激甚災害に指定されるような災害が発生している。保育中に災害が発生した場合、子どもたちの命を守るために保育士はどのような行動をとることが必要であるのかをあらかじめ考えておくことが重要である。

　災害対策基本法は、住民等の責務（第7条）として、「自ら災害に備えるための手段を講ずる」とともに「自発的な防災活動への参加」を規定している。日ごろから災害に対する備えを心がけ、災害発生時には、自治体の指示を待つばかりでなく、自ら判断し、行動できるように備えておくことが求められている。特に避難に関しては、内閣府による「避難勧告等の判断・伝達マニュアル作成ガイドライン」において、「自然災害に対しては、各人が自らの判断で避難行動をとることが原則」とされており、災害が発生する危険性がある場合には、自らの判断と避難行動が求められる。

　保育所においては、所長や保育士の判断が必要となり、その判断によっては子どもたちの命にかかわる重大な二次災害を引き起こす危険性があるため、正確な情報収集、慎重かつ適切な行動をとることができるように備えておくことが重要である。

　いざというときに、子どもたちを守るためにどのような行動をとればよいか、過去の災害からも学ぶことができる。東日本大震災が発生したとき、被災地の保育現場では、まだ多くの子どもたちがともに過ごしていた。以下は、地震で大きく揺れたときに保育士がとった行動である。

① 午睡中の子どもたちに割れた窓ガラスの破片が降りかからないよう、布団をかぶせた。
② 保育室内の周囲の物が落ちて子どもたちに当たらないよう、子どもたちを部屋の真ん中に集め、揺れが収まったときに園庭に避難した。
③ 避難出口を確保するために保育室のドアを開けた。
④ 津波から逃れるため、職員全員で子どもたちを抱きかかえて屋上に上がった。
⑤ 津波から逃れるため、0歳児は職員がおんぶをしたり抱きかかえ、1・2歳児はカートに乗せられるだけ乗せ、3歳児以上は手をつながせて高台まで逃げた。
⑥ 救援が来るまで、歌を歌ったり、お話をして、子どもたちを励まし続けた。

　以上はほんの一部である。保育士たちがとったこれらの行動は、日ごろの避難訓練が活かされたものもあれば、訓練では対応できなかったものもあろう。これらの

過去の体験から学ぶとともに、災害時の判断力と行動力を身につけるために、各省庁や自治体が出しているサイトやマニュアル（**COLUMN（58ページ）参照**）などを参考に保育所の実態に合ったマニュアルを作成し、訓練をしておくことが必要である。

2. 子ども自身が自分の身を守るために

　消防庁による「自主防災組織の手引」には、次代を担う人材の育成として、子どもたちが防災意識をもつための教育や防災訓練の重要性が述べられている。例えば、小学生の場合には、自分たちも地域の一員として自分たちのまちを災害から守るという意識を育てるための方策として、地域のコミュニティ活動に参加して地域との連携を強化したり、授業のなかで社会貢献の意義について学ぶ機会を設けたり、防災マップを作成するなどの取り組みを行うことが考えられる。そうすることで、子どもたちにより住みやすいまちづくりに対する意識が芽生え、いずれ子どもたちが成長したときに、地域のマンパワーとして活躍することも期待できる。

　乳幼児の場合、保育所保育指針では、「第2章　保育の内容」の「3　3歳以上児の保育に関するねらい及び内容」の「(2)　ねらい及び内容」の「ア　健康」において、「⑩危険な場所、危険な遊び方、災害時などの行動の仕方が分かり、安全に気を付けて行動する」と記されているように、子ども自身が安全に過ごすための習慣や態度を身につけ、危険を回避できるよう、子どもたちにはたらきかけていくことが求められる。日ごろから年齢や発達に応じて、「危ないこと」に対する意識をもって自ら考えて行動できるよう繰り返し伝えることが大切である。また、避難訓練の際には、絵本や紙芝居などの視覚教材を活用したり、過去に起きた災害についての話をすることによって子どもたちの防災意識を高め、自ら身を守るための行動をとることができるように防災教育を行っておくことが必要不可欠である。

参考文献

- こども未来財団「保育所の災害時におけるマニュアルに関する調査研究　平成23年度児童関連サービス調査研究事業報告書」2012.
- 猪熊弘子編『命を預かる保育者の子どもを守る防災BOOK』学研教育出版，2012.
- 厚生労働省『保育所保育指針解説』フレーベル館，2018.
- 文部科学省『幼稚園教育要領解説』フレーベル館，2018.
- 文部科学省「学校防災のための参考資料『生きる力』を育む防災教育の展開」2013.
- 関川芳孝『保育士と考える実践保育リスクマネジメント講座』全国社会福祉協議会，2008.

COLUMN　防災に関するさまざまな情報

　以下に示すのは、省庁や自治体が出している防災に関するウェブサイトである。マニュアル作成の際などに参考としてほしい。

〇各災害に関するサイト

災害等	サイト	URL
地　震	気象庁の震度データベース	http://www.data.jma.go.jp/svd/eqdb/data/shindo/
津　波	国土交通省の津波ハザードマップ	http://disapotal.gsi.go.jp/index.html
豪　雨	国土交通省の土砂災害ハザードマップ	http://disapotal.gsi.go.jp/index.html
洪　水	国土交通省の洪水ハザードマップ	http://disapotal.gsi.go.jp/index.html
急な大雨・雷・竜巻	気象庁の防災啓発ビデオ	http://www.jma.go.jp/jma/kishou/books/cb_saigai_dvd/
総務省消防庁	e－カレッジ　防災・危機管理	http://open.fdma.go.jp/e-college/
	こどもぼうさいe－ランド	http://open.fdma.go.jp/e-college/eland/

〇各省庁によるサイト

発信者	サイト・資料等	URL
文部科学省	地域子ども教室推進事業安全管理マニュアル	http://manabi-mirai.mext.go.jp/assets/files/shared/pdf_old/manual.pdf
文部科学省	学校防災マニュアル作成の手引き	http://www.mext.go.jp/a_menu/kenko/anzen/1323513.htm
各地方自治体等	防災マニュアル作成の手引きなど	例）高知県学校防災マニュアル作成の手引き（震災編）http://www.pref.kochi.lg.jp/soshiki/312301/manyuaru.html

（碓氷ゆかり）

第6講

体調不良や傷害が発生した場合の対応

本講では、子どもの体調不良時に、子どもの様子を観察し的確に対処できるようにするため、観察項目の基本を学ぶ。

Step1 では、これらの基本的事項を概説する。Step2 では、バイタルサインの観察方法、熱中症に対する対応および予防対策について取り上げる。Step3 では、傷害発生時の応急処置方法について取り上げる。

Step 1

1. 子どもの特徴

子どもは成長・発達の途上にあり、発達段階に応じた特徴がある。子どもの成長・発達段階に合わせた対応が求められる。

① 成長・発達の途上で表現能力が未熟なため、自ら症状や苦痛を適切な言葉で表現することができない。
② 解剖学的な特徴、身体機能の未熟性により、特に乳幼児は症状の変化が早い。
③ 年齢、成長・発達の程度により、バイタルサイン（呼吸・脈拍・体温）の正常範囲が異なる。
④ 免疫機能の獲得過程にあり、感染症にかかりやすい。また、季節や地域により感染症の流行がみられ、その影響を受けやすい。
⑤ 環境や個人的条件により症状が変化しやすく、不安定である。子どもの様子の変化を注意深く観察することが早期発見・早期対応につながる。

2. 子どものバイタルサインと全身状態の観察

体温

体温は、活動や運動、栄養状態、測定部位や測定方法によって影響を受ける。そのため、定期的に測定する場合は、同一の部位を同一の方法により測定することが望ましい。また、個人差もあるため、平熱を知っておくことも大切である（図表6-1）。

呼吸・脈拍

呼吸の測定は、子どもの胸腹部に軽く手を置き、1分間の上下運動の回数を測定する。同時に呼吸の深さ、リズム、せきや喘鳴の有無を観察する。安静時や睡眠時

図表6-1 体温の正常範囲

年齢	新生児期	乳児期	幼児期	学童期
体温（腋下）	36.7〜37.3	36.7〜37.3	36.3〜37.3	男：36.6〜37.6 女：36.5〜37.3

出典：平林優子監，神奈川県看護協会編『子どもの救急相談対応ガイド 子どもの急な病気と事故——こんなときどうするの？』p.6, へるす出版, 2008. を一部改変。

Step1 レクチャー

図表6-2 子どもの呼吸のパターン

乳児期	腹式呼吸	・呼吸筋の発達が未熟 ・胸郭が軟弱
幼児期	胸腹式呼吸	・呼吸筋が発達し、胸式呼吸が加わる
学童期	胸式呼吸	・大人の形態に近づく

出典：山元恵子監『写真でわかる小児看護技術アドバンス──小児看護に必要な臨床技術を中心に』p.11，インターメディカ，2017．を一部改変。

図表6-3 年齢別の呼吸数の正常範囲

年　齢	数（回/分）
乳児（1〜12か月）	30〜60
幼児（1〜3歳）	24〜40
幼児（4〜5歳）	22〜34
学童	18〜30

図表6-4 年齢別の脈拍数の正常範囲

年　齢	数（回/分）
新生児	120〜140
乳児	110〜130
幼児	100〜110
学童	80〜90

に測定する。また、呼吸を観察していることを子どもに気づかれないように測定する（図表6-2、6-3）。

脈拍の測定は、睡眠時や安静時に1分間測定する（図表6-4）。測定中は、脈拍数のみでなく、脈の大きさ、強さ、リズムなどを同時に観察する。

全身状態の観察

子どもの状態の把握には、体温や呼吸、脈拍数のように数値的な評価だけではなく、顔色や、機嫌などの見た目の様子、いつもと違う、というような印象も大切である。なんとなく元気がない、なんとなくいつもと様子が違う、活気がない、視線が合わない、顔色が悪い、疲労感がある、落ち着きがない等の外観の評価が必要である。特に、乳幼児では、機嫌の悪さ、元気のなさ、顔色不良は観察項目として重要である。

3. 子どもによくみられる症状の観察

バイタルサイン、全身状態の観察はどのような状況でも観察の基本であるが、そ

図表6-5 子どもによくみられる症状の観察項目

症状	観察項目
発熱	① 突然の発熱か否か、発熱の経過や持続日数 ② 発疹の有無、眼球結膜の充血や眼脂の有無 ③ 耳、おなか、頭などの痛みの有無 ④ せき、鼻汁、嘔吐、下痢などの発熱以外の症状の有無 ⑤ 排尿回数、量、にごりなどの排尿の状態 ⑥ 舌の色、口内炎の有無など口腔内の状態 ⑦ 脱水症状の有無
せき	① せきの様子（乾いたせきか、痰がからむせきか、1日のせきの回数、持続期間など） ② ゼーゼー、ゼロゼロなどの喘鳴の有無 ③ 胸痛、嗄声（かすれ声）、痰の有無 ④ 呼吸が苦しそうではないか、呼吸が浅くないか、呼吸が速くないか
嘔吐	① 嘔吐した時間 ② 嘔吐物の性状、量、回数 ③ 吐き方（だらだらと吐くか、噴水状に吐くか） ④ 嘔吐のきっかけの有無と内容（吐き気、頭痛、不快感、せきなど） ⑤ 食事との関係（食事の内容、量、与え方など） ⑥ 授乳との関係（授乳量、時間、授乳時の体位、授乳後の排気など） ⑦ 随伴症状の有無（発熱、発疹、せき、腹痛、嘔吐、下痢、食欲不振、おなかのはり、頭痛、けいれん、意識障害の有無）
下痢	① 下痢が出現した時期 ② 下痢の回数、量 ③ 便の性状（便の色、固さ、臭気、血液や粘液などの混入の有無） ④ 随伴症状の有無（発熱や嘔吐、腹痛、食欲不振、おなかのはりなどの消化器症状の有無） ⑤ おしりの皮膚の状態（発赤、びらん、湿潤の有無） ⑥ 食事の内容や、授乳の量、回数 ⑦ 保育所、幼稚園、学校など地域での感染症や下痢症状の発生状況
腹痛	① 腹痛の表現、どのような痛みの訴えか、痛みの程度 ② 痛みは、発作的か、持続的か、周期性か ③ 痛みの経過 ④ 腹痛の部位 ⑤ 腹痛の起こり方（食事との関連性） ⑥ 便秘の有無、排便状況 ⑦ おなかの張りの有無

の他にも子どもによくみられる症状で注意が必要な観察項目を**図表6-5**に示す。

また、以下に特に注意が必要な場合の症状とその対応を示す。

意識障害

意識障害は、自分や周りの環境や状況に対する認識が低下している状態である。脳や臓器に危険な異変が起きており、緊急に治療が必要である。

〈対応〉
① 体を楽な状態にして、頭や身体をあまり動かさない。
② 呼吸の有無・状態、脈を確認する。嘔吐している場合は、吐物を取り除き、顔を横に向ける。
③ 呼吸がない場合はすぐに心肺蘇生法（CPR）を行い、救急車を要請する。意識がもうろうとしている、呼びかけに対する応答がおかしい場合も救急車を要請し、すぐに受診する。

けいれん

けいれんは、突然全身ががたがた震えたり、硬直したりする症状である。子どもに最も多い原因は熱性けいれんである。

〈対応〉
① 衣服をゆるめて顔を横に向ける。
② けいれんの持続時間、どのようなけいれんか確認する。
③ 体温を確認する。

〈早めに受診が必要な場合〉
① けいれんが10分以上続く。
② 一度おさまっても、また何回も繰り返す。
③ けいれんの後、意識が回復しない。
④ 体の一部だけのけいれん、左右差があるとき。
⑤ 体の動きが悪い、体の動きに左右差がある。
※①〜③は救急車の要請が必要

脱水症

脱水症は、体から水分と電解質が失われた状態である。嘔吐や下痢、大量の発汗などで体液が失われたとき、水分の供給が不足したときに起きる。

〈対応〉
① 水分がとれるときは、経口補助飲料を少量づつ与える。乳児では、母乳やミルクが飲めるようであれば少しづつ飲ませる。
② 嘔吐後は、15分くらいしてからスプーンなどで少量づつ飲ませ、段階的に量を増やしていく。

※特に、発熱、下痢、嘔吐があるときは脱水症の発症予防が必要であり、こまめに水分補給をしてあげることが大切である。

〈早めに受診が必要な場合〉
① 39℃以上の発熱がある。
② 1日6回以上の多量の下痢がある。
③ 嘔吐が続いている。
④ 機嫌が悪い、顔色が悪い。
⑤ ぐったりしている、うとうとしてすぐに寝てしまう。
⑥ 皮膚、口、舌の乾燥、皮膚に張りがない。
⑦ 泣いても涙がでない。
⑧ 尿が半日以上出ていない、尿量の減少、尿の色が濃い。
⑨ 水分が取れていない。

Step 2

> **演習 1** バイタルサイン（体温、呼吸、脈拍）の測定をしてみよう

課題

① 子どもの健康状態を観察するときに注意することは何かを考える。
② 子どもの健康状態を正しく把握するために行うバイタルサイン（体温、呼吸、脈拍）の正常値や注意が必要な観察項目を理解できているか確認する。
③ 子どものバイタルサインの特徴を確認する。
④ バイタルサイン以外の全身状態の把握に必要となる観察項目を確認する。

進め方

（1）個人

① 子どもの症状の出現の仕方などには大人とは異なる特徴があること、子どもの年齢を考慮する必要があることを確認する。そのため、子どもの特徴をふまえて状態を把握する必要があることを Step 1 で確認する。
② バイタルサインとは何か、バイタルサインの年齢ごとの正常値、測定時の注意点、子どもの体調不良時によくみられる症状や全身状態を把握するための観察項目を Step 1 で確認する。

（2）個人・グループ

① 体温、呼吸、脈拍をグループで測定し、測定方法を確認する。
② バイタルサインの測定時に注意した点、測定値以外に観察したことなどをグループで出し合う。このときに、子どもと大人の正常範囲の違いや子どものバイタルサインを測定する場合に特に配慮する点を話し合う。
③ 下記の事例を通して、実際に体調不良を起こしている子どもに対してバイタルサイン以外にどのような全身の観察が必要か、まずは個人で考える。
④ 個人で考えた内容をグループで出し合い、不足していた観点を補う。

> **事例**
> 　2歳のMちゃんが昼食中、いつもより食が進まない様子であることに保育士が気づいた。Mちゃんからの訴えは特になかったが、からだを触ると普段より温かく感じた。
> 　抱っこして体温を測定していると呼吸が速いように感じた。

Step2 プラクティス

演習 2　保育中に熱中症を起こした子どもに対する対応について考えてみよう

課題

① 子どもの健康状態を観察するときに注意することは何かを考える。
② 子どもの健康状態を正しく把握するために行うバイタルサイン（体温、呼吸、脈拍）の正常値や、注意が必要な観察項目が理解できているか確認する。
③ 熱中症を起こした子どもの状態を把握するための観察項目を確認する。
④ 熱中症にみられやすい症状を確認する。
⑤ 熱中症を起こした子どもに対して行う対応および注意することを確認する。
⑥ 救急車を要請しなくてはならない状態か否かの判断の目安を確認する。

進め方

（1）個人

① 子どもの症状の出現の仕方など、大人とは異なる特徴があること、子どもの年齢を考慮する必要があることを確認する。同時に、発達など関連領域の学習内容を教科書等で確認する。
② 熱中症が起きているときにみられやすい症状、救急車を要請する必要がある場合の症状を教科書等で確認する。
③ 熱中症を起こしているときの対応と注意点を教科書等で確認する。

（2）個人・グループ

① 事例を通して、実際にみられている症状は何か、そのときに必要と考えられる観察項目、対応方法、注意点をあげることができるか、まずは個人で考える。
② 個人で考えた内容をグループで出し合い、個人で考えた内容で不足した観点を補う。実際に考えた対応をグループごとにロールプレイする。

事例

　9月に入り、保育所では運動会の練習が始まった。園庭で遊戯の練習中、5歳のOちゃんが「フラフラする」と言ってしゃがみこんだ。すぐに、保育士がかけ寄ると顔は蒼白で、声をかけると「気持ち悪い」と答えた。このときの気温は32℃、湿度も高く蒸し暑かった。

第6講　体調不良や傷害が発生した場合の対応

Step3

1. 骨折・捻挫・脱臼・打撲に対する応急処置（RICE法）

　捻挫、脱臼、打撲は、骨折との判別が困難である。骨折が疑われる場合は、受診するまでは、骨折に対する応急処置を行う。RICE法は、骨折、捻挫、脱臼、打撲などの応急手当の基本である（図表6-6）。

　骨折、脱臼、靭帯損傷、捻挫などの損傷がある、または疑われる場合には患部の固定を行う（図表6-7）。

2. 打撲に対する応急処置

　痛みがひどい場合は骨折している可能性や、体の内部の器官が損傷している可能性がある。特に、頭部では、なるべく早く受診する。また、受傷後24～48時間は、新たな症状の出現に注意が必要である。胸・腹部は、外部からは受傷か所や重症度がわかりにくい。受傷当日は安静にし、入浴や外出は避ける。異変を感じたら、すぐに受診する（図表6-8）。

3. 創傷に対する応急処置（閉鎖湿潤療法）

　水でよく洗う、消毒をしない、乾かさない、が創傷の処置の3原則である。

手当ての方法

- 食品用ラップを傷の上に張り、滲出液が乾かないようにする。ラップの周囲はテープでとめる。
- 翌日以降、毎日、傷口を水で洗い、新しいラップに交換する。汗がたくさん出る時期などは、1日に1～2回適宜交換する（滲出液を吸収するドレッシング材がないため、滲出液が漏れ出てくることや周囲の皮膚のかぶれを予防するため）。
- 市販のドレッシング材を含む絆創膏は、長い間貼ったままのほうが傷の治癒に快適な環境を維持し続けることができる（滲出液が多すぎて傷を密閉できないときは、水や菌の侵入を防げず感染等のリスクが上がるため貼り換えなどの対応をする）。

注意すること

- 深い刺し傷、動物にかまれた傷、断面がギザギザな傷、大きな傷、深い傷、ひどく汚れた傷などは閉鎖湿潤療法は適さない。

図表6-6 RICE法

Rest：安静にする。無理に動かさない。
Icing：冷やす。患部の冷却は、内出血や腫れを抑える。
Compression：圧迫・固定。患部の圧迫・固定は、痛みを緩和し、出血を防ぐ。
Elevation：挙上する。浮腫による悪化を防ぐため、患部を心臓より高く上げる。

   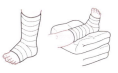 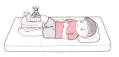

図表6-7 患部の固定方法

固定方法
1．受傷部位の両側から、固定する。 2．受傷か所の上下の関節を良肢位※で固定する。 　　関節が動かないように固定する。 3．肩、肘、腕の場合、三角巾やスカーフなど大きめの布を代用し腕を吊り、支える。 ※日常生活動作（ADL）において支障の少ない関節角度をとった肢位のこと。

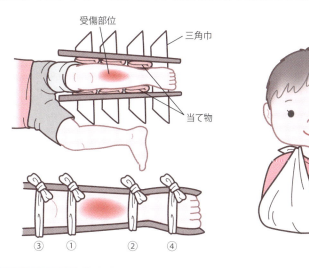

注意すること
・骨折部位を無理に戻したり、引っ張ったりしない。
・固定は、強すぎると血流が悪くなる。指先や足先は見えるように固定する。
受傷部から骨が出ている場合
・骨に触れたり、戻したりせず、清潔なガーゼやタオルなどで被覆し、固定する。
受傷部から出血している場合
・止血してから別々の包帯・三角巾、タオルなどで被覆し、固定する。

図表6-8 観察する事項および救急を要する場合

頭部	胸部	腹部
・意識の有無と意識の状態 ・瞳孔の左右差の有無 ・痛みがあるか（激しく泣くか） ・頭を動かさず、こぶや出血の有無、頭部以外の受傷の有無 ・頭の動きや、身体の動き 　いつもと同じように座ったり立ったりしているか 　遊んでいるときの手足の動きに左右差がないか ・嘔吐の有無 ・けいれんの有無 ・耳や鼻からの出血の有無	・意識の有無と意識の状態 ・痛みがあるか（激しく泣くか） ・受傷部位の確認、腫れていないか、皮膚色 ・胸部以外の受傷の有無 ・呼吸苦の有無、呼吸状態、呼吸のたびに痛みを訴えないか	・意識の有無と意識の状態 ・痛みがあるか（激しく泣くか）、痛みが増強してこないか ・受傷部位の確認、腫れていないか、皮膚色 ・腹部以外の受傷の有無 ・嘔吐の有無 ・血尿の有無
救急車を要請する必要がある場合 ・意識がない ・呼吸停止、呼吸の乱れ、苦しそう ・けいれんを起こした ・瞳孔の大きさが左右で違う ・耳や鼻から出血している ・手足が動かせない、動きがおかしい、左右差がある	・嘔吐した ・顔色が悪くぐったりしている ・いつまでも泣きつづける ・受傷部位を触わると痛がる、患部が腫れてきた ・患部が青黒くなった ・血尿が出た	

4. 出血に対する応急処置

出血の手当の基本は、汚れを落とすこと、止血することである。止血法には直接圧迫止血と間接圧迫止血がある（**図表6-9**）。

注意すること

・止血するときは、感染に注意する。使い捨て手袋を使用し、直接血液に触れないことが基本である。
・腕や足からの出血の場合、可能であれば、出血部を心臓より高く上げる。ただし、頭や胸からの出血では、顔色が悪くても足を高くしない。

5. やけどに対する応急処置

やけどの原因や受傷範囲、深度により、初期対応や治療方法が異なる。小範囲でも必ず医療機関を受診する。

| 図表6-9 | 直接圧迫止血と間接圧迫止血 |

直接圧迫止血	間接圧迫止血
・傷口の上を清潔なガーゼやハンカチで直接強く押さえ圧迫する。 ・指先に少し力を入れてしっかり押さえる。	・出血部位より身体の中心側にある動脈を圧迫する。

基本的な手当ての方法

・すぐに流水で冷やす。受傷部の周辺から水を流すようにする。
・冷水で冷やしたタオルを患部にあてる。その上から氷のうなどで冷やし続ける。

衣類の上からやけどをした場合

・衣類を着たまま、最低でも20～30分以上水道水で冷やす。
・その後、皮膚が衣類にくっついていなければゆっくり脱がせる。
・皮膚が衣類に付着している場合、無理に脱がせない。

全身または広範囲のやけどをした場合

・水をためた浴槽の中につける、水に浸したタオルなどで身体を包むようにして冷やす。
・清潔な食品用ラップ、シーツ等で保護・保温し、一刻も早く救急車を呼ぶ。

注意すること

・水泡はつぶさない。
・消毒薬などはぬらない。
・冷やしすぎない。

参考文献

- 市江和子編『小児看護学』オーム社,2014.
- 山元恵子監『写真でわかる小児看護技術アドバンス――小児看護に必要な臨床技術を中心に』インターメディカ,2017.
- 佐地勉・竹内義博・原寿郎編著『ナースの小児科学 改訂6版』中外医学社,2015.
- 平林優子監,神奈川県看護協会編『子どもの救急相談対応ガイド 子どもの急な病気と事故――こんなときどうするの？』へるす出版,2008.

第7講

救急処置および救急蘇生法

　事故やけがが発生したときは迅速な応急処置を行わなくてはならない。子どもに適した効果的な応急手当は、その程度を最小限に抑えたり、回復を促進することになる。さらに、永久的な障害や死を予防する。
　本講では、子どもに起こりやすい事故について、適切な救急処置の方法について学ぶとともに、命を守る救急蘇生法(そせい)の習得をめざす。

Step 1

1. 子どもの事故とけが

　子どもの生命の安全を守り、生活の安全を図ることは、保育者の務めである。事故やけがは、それを予防することが最も重要であるが、注意をしていても成長・発達が未熟（みじゅく）な子どもは事故やけがを起こすことがある。

　子どもの場合、成長・発達の特徴（とくちょう）が事故の特徴となって表れていることを理解する。例えば、頭の大きさが転倒や転落の原因の１つであり、また小さな物を指でつまめるようになり何でも口に運ぶようになることで誤飲が起きやすくなる。けがの部位は乳児ほど身体の上部、特に頭部や顔面に集中する傾向があり、運動機能の発達が進むにつれて下肢（かし）のけがをしやすくなる。

　また、保育者が、抱いている子どもを落としてしまったり、子どもの手を突然強く引っ張ることで肘内障（ちゅうないしょう）となってしまったりするなど、大人がかかわる事故やけがにも注意が必要である。子どもの事故やけがは、子ども自身によるもの、大人がかかわるもの、環境がかかわるものに分けて考えて対応することが大切である。

2. 子どもへの対応における留意点

　子どものけがの処置は、迅速、的確に行わなければならず、子どもの協力も欠かせない。早期の処置は子どもの苦痛をやわらげる。しかし、子どもはけがに対して驚きや不安を感じたり、「けがをしたのは自分が悪いからだ」と思い、傷を隠したり処置を拒否することがある。そのため処置を行う際には、子どもの立場に立ったコミュニケーションをとる配慮が必要である。不安を大きくさせないように、子どもにゆっくり近づき、目の高さを合わせ、落ち着いた自信のある声で話す。「Ａちゃん痛かったね」「先生が手当をするからＢ君も安心してね」などと子どもの名前を呼び、話しかけながら処置をする。その過程に子ども自身も参加していると感じることが重要である。

　このようなコミュニケーションは、子どものこころをケアする看護ということができる。保育者（処置をする者）は子どもが安心して処置を受けられるように対応することが大切である。

3. けがへの対応と応急処置（ファーストエイド）

　以下に、子どもに起こりやすいけがとその対応をあげる。

頭部打撲

(1) 高所からの転落や頭部を強く打ったときは首の骨のけがを合併していることもあるので、首、頭を動かさず、意識確認を行う。その場からの移動もしない。
(2) その後の処置は、①受傷状況がはっきりしている、②それほど強い力が加わった状況ではない、③受傷直後から意識がはっきりしていて反応がよい、④手足がいつもどおり動かせる、⑤けいれんがない、⑥吐き気がない、⑦頭皮に大きな傷がない、⑧大量の出血がない、以上をすべて満たせば患部を冷やし経過観察してよい。
(3) 上記①〜⑧のうち1つでも問題があれば119番通報をする。
(4) 救急隊を待つ間は頭を救助者の手で固定し動かさない。話しかけながら意識状態やショック状態の有無を観察する。呼吸をしていなければ心肺蘇生法（CPR）を実施し、自動体外式除細動器（AED）を使用する。

やけど

(1) やけどの重症度は、その広さと深さが関係する。やけどの部位が白もしくは黒い場合は深い。
(2) 処置は冷たい水（流水でよい）で冷やす。冷やすことで皮膚深部への熱の伝達を防ぎ痛みを和らげる。最低でも20〜30分以上冷やす。氷を使う場合は直接当てない。市販の冷却シートは使用しない。
(3) 服を着たままのやけどは、服を脱がさず服のうえから流水をかけて冷やす。
(4) 水疱ができた、表皮がはがれた、皮膚の色が白い、顔・手・足・性器のやけどは受診する。水疱は破らない。

目への異物

(1) 目をこすらせないようにする。数回まばたきをさせて涙で流す。異物が取れないときは水道水で洗い流す（急須ややかんを用いるとやりやすい）。
(2) 異物が残る、痛みがあるときは受診する。
(3) 目に異物が刺さっているときは受診する。

鼻への異物

片方の鼻を押さえて「フン」と空気を出すか、または、こよりで刺激してクシャミを誘発する。無理に取ろうとしない。取れなかったら受診する。

耳への異物

耳に虫が入った場合、ベビーオイルかオリーブオイルを流し入れ、虫を弱らせる。または懐中電灯で照らし外へ誘導し除去する。取れなかったら受診する。

毒物誤飲

(1) 何を飲んだのか、どのくらい飲んだのかを素早く確認する。そして、子どもの様子はどうなのかを観察する。
(2) 意識がないとき、深刻な症状がでているときはただちに119番通報をすると同時に中毒110番（公益財団法人日本中毒情報センター）へ電話をする。
(3) 水や牛乳を飲ませないで中毒110番の指示をきく。
(4) 子どもを動かさず、落ちつかせ、なぐさめ、安心させる。
(5) 嘱託医、保護者へ連絡する。
(6) 受診する際、飲んだものの容器や残りを持って行く。

虫刺され

(1) ミツバチの場合、針を残して離れ、皮膚の中の針の後方には毒のうがつながったままになっていて、毒を出し続ける。ピンセットや手でつまんで取ろうとすると、毒液が体内に入ってしまうため、つまんで取るよりも手袋をした手で払う、タオルなど布で払って取る方がよい。
(2) 蜂毒アレルギーのある子どもでは数分～十数分でアナフィラキシーを起こすことがあるので注意が必要である。アレルギー反応の状態は少なくとも30分は観察する。
(3) アナフィラキシー反応が生じていると思ったら即座に救急車を呼ぶ。その子どもがアドレナリン自己注射器（エピペン）を処方されていたら、素早く注射する。

肘内障

肘内障は無理に曲げず、痛くない位置で三角巾でからだに固定して受診する。

鼻出血

(1) キーゼルバッハ部位（**図表7-1**）からの出血（毛細血管の集合している動脈を傷つけた出血）が多い。
(2) 血を飲み込まないように座らせて前傾姿勢にし、あごを引かせる（血を飲み込

むと吐き気を感じて嘔吐をしやすい）。寝かせたり首の後ろを叩（たた）いたりしない。

(3) 鼻のなかに何も入れず10分間鼻翼（びよく）（鼻の前部）全体をできるだけ深くつまみ、圧迫止血する（図表7-2）。そっと指を離してまだ出血が続くときは受診する。

(4) 止血したら、鼻をかませないで汚れを拭（ふ）き、30分間は静かな遊びをさせる。

歯の脱落

(1) 抜けて出血している部位の圧迫止血を行う。
(2) 抜けた歯は歯冠をもつ。乾燥しないように牛乳、生理食塩水、歯牙保存液などのいずれかをコップに入れ、そのなかに浸けてできるだけ30分以内に受診する。成人であれば口のなかに入れておいてもよいが、子どもの場合、何もないときは本人の唾液（だえき）をコップに出させて入れてもよい。
(3) 歯が折れた場合も同様にする。

すり傷

(1) すり傷は水道水（流水）で十分に汚れをとり除く。
(2) 砂や泥が残っているときはできるだけ綿棒やガーゼで取り除く。
(3) 傷は乾燥させないことが大切である。消毒薬は皮膚組織を傷つけ傷の治りを妨げるので使用しない方がよい。汚れが取り切れないときは受診する。
(4) 抗生剤入り軟膏（なんこう）などを塗り、傷を乾燥させない。市販の密閉剤もよい。
(5) 傷は治った後しゃ光テープで紫外線から守る（皮膚がん予防のため）。

かみ傷

(1) 園児にかまれたときは水と石けんでよく洗う。出血があるとき、大きく腫（は）れてきたときは受診する。
(2) 野良犬、野良猫、野生動物、ペットのハムスターやモルモット、ヘビなどにかまれたときは受診する。

| 図表7-1 | キーゼルバッハ部位 |

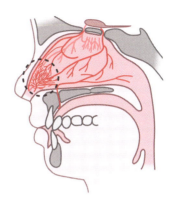

| 図表7-2 | 鼻翼を深くつまむ |

Step2

演習　子どもの救命救急法を習得しよう

課題

① 心肺停止時における心肺蘇生法（CPR）と自動体外式除細動器（AED）の使用方法を習得する。

② 気道異物による呼吸困難時における異物除去法を習得する。

進め方

（1）準備するもの

訓練用蘇生法人形（乳児、小児）、AED練習器、使い捨て手袋、人工呼吸用マスクまたはフェイスシールド、殺菌消毒剤、異物見本（スポンジのかけらなど人形の口に入れるもの）、医療用ハサミ（衣服を切るためのもの）

人工呼吸用マスク

フェイスシールド
（逆止弁付きのもの）

フェイスシールド
（練習用）

（2）方法

① 3人グループをつくり、救助者役、手順をガイドする役、評価する役（助言、119番通報、AEDを持ってくる役を兼ねる）に分かれる。

② 下記の手順を参考に、乳児、小児それぞれの救命救急法をローテーションして行う。方法が異なる部分があるので全員が全種類を行うようにする。

心肺蘇生法とAEDの使用の手順

（1）心肺蘇生法（CPR）の手順

① 様子が変だ
- 緊急事態に気づき「助けよう」と決める。
- ○○ちゃんの顔色が悪い！

② 安全確認
- 周囲の安全確認をした後、「現場は安全です」と発声し、近づきながら手袋を

Step1 **Step2 プラクティス** Step3

　　つける。
・子どもを下が硬い床へ降ろす。
③　反応確認
・顔を近づけ、鎖骨の上を強く叩きながら、「〇〇ちゃん！〇〇ちゃん！」と名前を呼び、「先生よ！」と発声する（❶）。
乳児の場合は片足を持ち、足の裏をたたく（❷）。
・「先生が助けるから一緒にがんばろうね」と発声する（手当の声明）。

④　反応がない
・大声でそばにいる人に119番通報を依頼し、AEDを取ってきてもらう（指名をする）。
⑤　呼吸をみる（❸）

・胸と腹部が上下するか、動きをみる（片手を胸において動きを確認してもよい）。
・時間をかけ過ぎない（3〜5秒位で行う）。
普段どおりの呼吸をしている場合は回復体位にして観察を続ける。
⑥　呼吸をしていない
・上半身を裸にする。脱がせにくければハサミで切る。
・すぐに胸部圧迫を開始する。
・幼児は胸の真ん中、胸骨の下半分を片手または両手の付け根で強く（胸の厚さの1／3が沈む程度）圧迫する（❹、❺）。
乳児の場合は両乳首を結ぶ中央すぐ下の胸骨上に指2本をおいて、やはり胸の厚さの1／3が沈む程度、強く圧迫する（❻）。
・圧迫の際はひじを伸ばし、子どもの真上から垂直に体重をかける。
・圧迫は30回連続する。圧迫ごとに胸を元の高さに戻してから次の圧迫をする。
強く＝胸が1／3程度沈むように押す。

第7講　救急処置および救急蘇生法

77

速く＝少なくとも1分間に100～120回になるように。歌のリズムで覚えるとよい（例：あんたがたどこさ）。

絶え間なく＝中断しない。

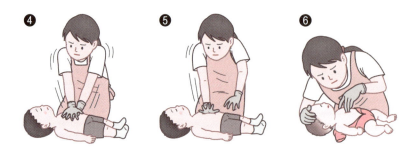

⑦　人工呼吸
- 人工呼吸用マスクまたはフェイスシールドを口にかぶせる。
- 幼児は人さし指と中指2本であご先の硬い骨を上げて気道を確保する（❼）。乳児は額に手をおき、もう片方の手の人さし指1本であご先を上げる（❽）。

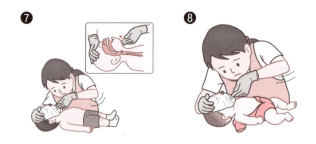

- 人工呼吸用マスクでは、吹き込み口から1秒かけて普通の息で胸が軽く上がるくらい吹き込む。フェイスシールドでは、額においた手をずらして鼻をつまみ、大きな口で「ハー」と密着させて吹き込む（❾）。乳児にフェイスシールドを使用して行う場合は、自分の口で乳児の鼻と口をおおって吹き込む（鼻と口が接近しているため）（❿）。
- 最初の息で胸が上がらなかったときは、さらに頭を後屈させてもう一度吹き込む（うまくいかないときは次の動作に進むべきである。やり直しで時間を浪費してはならない）。
- 息の吹き込み過ぎは次の息が入りにくくなることと、胃に空気が入り嘔吐（おうと）を誘発する可能性があるため注意する。
- 蘇生するまで、または救急隊が到着するまで心臓マッサージと人工呼吸を繰り返す。

（2）自動体外式除細動器（AED）の使用手順

① AEDが届いたら
- 救助者は心肺蘇生法を中止せずに続ける。
- AEDを持ってきた人は、救助者の反対側の子どもの頭の近くに置き、開く。

② 電源を入れてパッドを貼(は)る
- 電源を入れるとパッドを貼るように指示がある。
- 「パッドを貼ります」と発声する。ここで救助者は心肺蘇生法をやめてパッドを貼る。
- 子どもには子ども用のパッドを、パッドに描いてある絵のとおりに貼る（⓫）。
- 子ども用が入っていないときは大人用を代用するが、貼る部位は子ども用パッドの絵のとおりであることに注意する。

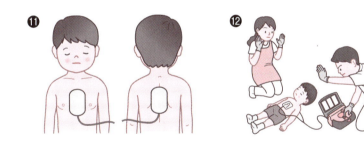

③ 電気ショック
- 「心電図を解析しています」「誰も触れないでください」とメッセージがある。「離れてください」と発声し、自分も含め、全員が子どもに触れないように離れる（⓬）。
- 「ショックが必要です」とオレンジのボタンが点滅したらボタンを押す。
- 「ショックが完了しました。触れても大丈夫です」と、メッセージがあったら、胸部圧迫30回で始まる心肺蘇生法を開始する（AED練習器には30回のリズム案内がある）。
- 胸部圧迫30回、人工呼吸2回を音声メッセージにしたがって行う。

④ 以降、AEDの音声メッセージにしたがう

・心肺蘇生法を繰り返し続ける。AEDは2分おきに解析する。
・音声メッセージにしたがい、心肺蘇生法とAEDの手順を繰り返し、何らかの応答や目的のある仕草（泣く、嫌がって動く）が出現する、また、まれではあるが普段どおりの呼吸が出現するまで続ける。
・「ショックは不要です」の指示が出ても、電源を切ったり、電極パッドをはがしてはならない。

⑤　心肺蘇生法を中断してよいのは、子どもが泣き出したとき、手や足などのからだが動いたとき、ほかの救助者と交代できるとき、救急隊が到着したときの4つの場合のみである。勝手に中止してはならない。

⑥　心肺蘇生法中に、子どもが泣き出したとき、手や足などからだが動いたときは、AEDのパッドはつけたままで「○○ちゃん、気がついたのね。○○先生よ」と声をかけ、「横になろうね」と回復体位にする。

その後、意識の状態の観察を続ける。

気管内異物による窒息への対応

重度の窒息（ちっそく）では自分で異物を取り除くことができず、自分で何とかしようとして手でのど元を押さえる。空気を吸うことができず、呼吸音がしない。話すことも、力強いせきをすることもできない。乳児はサインを示すことができないため、子どもから目を離さず、気づくのが遅れることのないようにし、発見したら迅速に処置を行わなければならない。

① 　様子が変だと気づいたときの対応
・緊急事態に気づき「助けよう」と決める。
・「のどがつまったのね」「先生が助けるね」と発声する。
・使い捨て手袋をつける。
・そばにいる人に119番通報を依頼する。

② 　乳児の場合の対応
・背部叩打法　❸

　　素早く子どもを抱き、子どもの頭が胸よりも低くなるように救助者の太ももに乗せて支える。片手であご、肩、胸を支え首が動かないようにし、もう片方の手のつけ根で肩甲骨（けんこうこつ）の間を強く、頭の方向に続けて5回たたく。

　　口の中を見て異物が出ていないか確認する。出ていない場合は次の胸部圧迫法を行う。

・胸部圧迫法（胸部突き上げ法、胸部スラスト）　❹

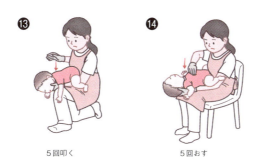

5回叩く　　　5回おす

子どもをあお向けにし、片手で頭を支える。頭を低い位置に保ち、心肺蘇生法と同じ部位を強く5回押す。口の中を見て異物が出ていないか確認する。異物が出るまで背部叩打法と胸部圧迫法を交互に5回ずつ繰り返し続ける。

③　幼児の場合の対応

背部叩打法、または腹部突き上げ法（ハイムリック法）を行う。

・腹部突き上げ法（ハイムリック法）❶

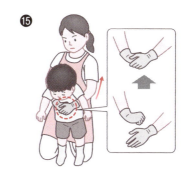

子どもの背部から腹部に手を伸ばし、シャツを引き上げて片手人さし指で「へそ」を探し、その位置で手を握り拳にする。握った手を上方に起こし、親指側平面がみぞおちに当たるようにし、もう片方の手を重ねる。

そのまま子どもの腹部の上方へ瞬間的に圧迫するように突き上げる。異物が出るまで突き上げを繰り返す。

なお、乳児、および妊婦には腹部突き上げ法（ハイムリック法）は行ってはならない。

④　意識を失った場合の対応

そっと床に降ろし、胸部圧迫で始まる心肺蘇生法を開始する。

人工呼吸の前には必ず口の中をみて、異物がないか確認する。

異物がみえたら顔を横に向け、手袋をした手でかき出す。

以後、異物が取れるか、救急隊が来るまで心肺蘇生法を続ける。

⑤　留意事項

胸部圧迫法、腹部突き上げ法（ハイムリック法）を行った場合、内臓にけがをさせることがある。これらの処置を行った場合には救急隊にその旨を伝える、または医師の診断を受けさせなければならない。

Step 3

1. 事故発生時の対応

　事故やけがの発生時は、処置をする場の安全確認をし、汚染防止の手袋装着をして、子どもに助けに来たことを伝える。子どもがどのような状態にあるのかを頭から順につま先まで瞬時に観察し、判断する。Step 1 において述べたように、子どもは恐怖や不安感を感じていることが多い。そのことを念頭において、けがそのものだけではなく精神面のケアを心がけることが大切である。

　外から見える出血、傷、腫れ、変形、顔色などに加え、必要なら服を切り取って脱がせ、患部をよく観察する。命にかかわる状態か、その疑いがあるなら救急車の手配と自動体外式除細動器（AED）の用意をして救命処置を行う。同時に保護者への連絡をし、必要に応じて嘱託医にも連絡をする。

　アレルギー疾患をもつ子どもについては、緊急性の高い症状への対応として、救急車を呼ぶ、エピペンの使用トレーニングが必要である。

　事故やけがの対応をすべて1人で行うことはできない。適切な対応のためには全職員の連携、協力が不可欠である。看護職等は、救急蘇生法や応急処置のマニュアルを作成し、園内研修を通して知識と技術を身につけ的確な対応ができるように体制整備をすることが求められる。さらに、全職員が外部研修などにより最新の情報や動向を得て、事故やけがの発生時の対応に活かすことが大切である。

2. 保護者への対応

　どんなに小さいと思われるけがでも、保育中に生じたことはすべて、いのちを預かる保育所の責任である。保護者にはすぐ連絡をして謝罪しなければならない。

　事故発生時間、事故発生時の状況、子どものけがの状態、心理状態等を的確に伝えることが重要である。明確に伝えられるように記録をとり順序立て、もれがないように伝えることが大切である。また事故に関係する他の子どもが存在する場合は、名前を伝えないのが原則であることを認識し、慎重に伝える。救急車での受診には必ず職員が付き添うことを伝え、不安を与えないよう説明をする。

　保護者の迎え時は、担当保育士、看護師等のほか、責任者が改めて謝罪をし、必要以上の不安や動揺を与えないよう気持ちを受けとめ誠意をもって対応することが重要である。医療機関での治療、指示を具体的にわかりやすく説明し、子どもの観察の要点、配慮についても正確に伝える必要がある。事故やけがの保育所での対応については入所時に説明しておくことと、年度の始めの保護者会で再度説明をして

3. 医薬品等の整備

　子どものけがや疾病等の事態に備え、保健室の環境を整えておく。医療戸棚には救急用薬品、材料等を常備し適切に管理をして、必要なときにすぐ使えるようにしておく（図表7-3）。医薬品等は子どもが手で触れないように管理をする。また、全職員が緊急時の対応をできるよう常備してある医療品の品目と場所を知っておくことが大切である。使用した物は補充しておく。

　なお、軟膏等の治療薬の使用は医師の指示が必要な医療行為であり、安易な使用はしてはならない。常備する薬品は嘱託医と相談して決める必要がある。

図表7-3　園で常備する医薬品など

常備薬	外用薬	痒み止め 皮膚の保護 打撲・噛みつきの腫れ　｝嘱託医・園医と相談して購入 痛みの緩和 抜けた歯の保護的保存液、洗眼：生理的食塩水
	内服薬	・原則的には常備しない ・宿泊保育、園外保育時の携行医薬品も嘱託医・園医と相談して準備する ・内服薬は必ず医師の指示を受けて用いる（例：乗り物酔い防止薬、鎮痛解熱薬など）
	消毒薬	物品、汚物、家具など：次亜塩素酸ナトリウム 手指、玩具、医療用品：エタノール 手指、物品：逆性石けん液
衛生材料・器具	衛生材料	・滅菌ガーゼ（大・小）・伸縮包帯・三角巾・絆創膏・脱脂綿・傷用パッド・カット綿・綿棒・綿球・使い捨て手袋・マスク・使い捨て袖つきエプロン
	器具	・舌圧子・膿盆（のうぼん）・ピンセット・ハサミ・副木・ペンライト・氷枕・湯たんぽ・体温計・爪切り・毛抜き・虫めがね・万能つぼ（または、蓋つきシャーレ）・洗眼器・体重計・身長計・メジャー・ライター・洗面器・尿器・便器・コップ・バット・蓋つきバケツ・ビニール袋・タオル・ティッシュペーパー・汚物缶・ランドルト環単独視標・アイマスク・オーディオメーター
	その他	・救急カバン（緊急避難用、お散歩用）

出典：兼松百合子・荒木暁子・羽室俊子編『子どもの保健・実習——すこやかな育ちをサポートするために 第2版』同文書院、p.230, 2013.

参考文献

- 日本救急医療財団心肺蘇生法委員会監『救急蘇生法の指針2015（市民用）改訂5版』へるす出版，2016.
- 厚生労働省「保育所保育指針」2017.
- 中村敬監『育児サポート3』一般財団法人女性労働協会，2013.
- 田中哲郎監『子育て支援における保健相談マニュアル』日本小児医事出版社，2013.
- 一般社団法人全国保育園保健師看護師連絡会『保健指導シリーズNo.10 新・保育のなかの保健──保育園看護職の仕事はこれだ！』2014.
- 石山俊次・石山功『図説包帯法 第4版』医学書院，1976.

COLUMN　園庭や散歩先でのけがへの対応のために

　医薬品等は、園庭など保健室以外でのけがの場合にも持ち出して処置ができるように、用途ごとに小さな袋に入れておくとよい。また、散歩先の公園や園外保育でのけがに対応するために小さなポーチ（バッグ）などに以下のようなものを入れて携帯するとよい。

＜散歩などのときに携帯するとよいもの＞
三角巾、脱脂綿、ガーゼ、懐中電灯、抗ヒスタミン軟膏、綿棒、絆創膏、包帯、副腎皮質ホルモン入り軟膏、体温計、ハサミ、おぶいひも、化膿（かのう）止め軟膏、ピンセット、毛抜き、ゴムバンド、生理食塩水、イオン飲料水、マッチ、ライター

（木村明子）

第8講

感染症の集団発生と予防、対応

　感染症は小児がかかる最も多い疾患（しっかん）である。

　感染症の予防と対策の基本は、日常生活における食事、睡眠（すいみん）、排泄（はいせつ）、運動などを通して基本的な健康の維持増進を獲得し、健康な毎日を送ること、また、予防接種を計画的に受けることである。

　毎日の保育のなかでは、だれもが感染源（病原体）をもっていると考え、標準予防策を徹底することが肝要（かんよう）である。本講では、嘔吐（おうと）した子どもへの対応を通して、標準予防策の実践を身につけることを目的とする。

Step 1

1. 感染症の基礎知識

病原体と感染症

　私たちの周囲にはさまざまな微生物が存在する。腸内細菌のように食物の消化を助けるなど私たちのからだに有益なはたらきをしているものもあり、私たちは多くの微生物と共存していると考えるべきである。しかし微生物のなかには人体に害をもたらし、感染症を引き起こすものもある。これらを病原体（病原微生物）という。感染症を引き起こす病原体はウイルスと細菌が多く、そのほかに真菌、寄生虫、原虫などがある。

　病原体が私たちのからだに取りつくことを汚染といい、病原体が私たちのからだのなかで増殖すると感染が成立する。さらに病原体の侵襲やそれを排除する過程で発熱やせき、鼻汁、嘔吐、下痢などの症状が発症したものを感染症という。

感染源・感染経路・宿主

　感染症の予防と対策においては、感染源対策、感染経路対策、宿主対策の３つを考えるべきである。

（１）感染源対策

　病原体は汚染された手から鼻、口、目の粘膜を介して侵入する。このため、適切な手洗い方法を身につけ、実践することが大切である。また、おもちゃやトイレなどの消毒、食品を取り扱う人の定期的な検便などといった衛生管理も大切な感染源対策である。消毒とは無菌にすることではなく、病原体を殺すこともしくは病原性を減退させ、なくすことである。

（２）感染経路対策

　感染経路には飛沫感染、空気感染、接触感染や経口感染などがある。飛沫感染対策の基本は、飛沫を浴びないようにマスクを着用することである。またせきエチケット（図表８－１）を身につけさせ、実践することも大切である。空気感染対策の基本は発病者の隔離（登園禁止処置を含む）と部屋の換気である。前述した手洗いや消毒なども感染経路対策とみることもできる。

　また、経口感染対策の基本は、食材を衛生的に取り扱い、適切な温度管理をし、十分に加熱することである。

（３）宿主対策

　細菌やウイルスが寄生する相手、すなわち、子どもや保育者を含めた人を宿主と

いう。宿主対策として大切なことは、食事、睡眠、排泄、運動などを通して基本的な健康の維持増進を図ることである。また、予防接種を適切に受けることも大切である。

図表8-1　せきエチケット

飛沫感染による感染症の流行を最小限にするために
①マスクを着用する（口や鼻をおおう） ②マスクがないときには、ティッシュやハンカチで口や鼻をおおう ③とっさのときは、袖で口や鼻をおおう

資料：厚生労働省「保育所における感染症対策ガイドライン（2018年改訂版）」2018. を一部改変。

2. 標準予防策（スタンダードプレコーション）

保育士は日常の保育においておむつ交換で排泄物を取り扱い、また子どもたちのけがや鼻出血などによる血液や嘔吐物や下痢便の処理を行わなければならない。これらの血液や滲出液、排泄物の取り扱いについては、保育所内での感染症の拡散防止のためにも、対処の基本を身につけておくことが必要である。

標準予防策とは、アメリカ疾病管理予防センター（CDC：Centers for Disease Control and Prevention）が提唱した病院向け感染予防のガイドラインである。「だれでも何らかの感染症をもっている可能性がある」と考え、「感染の可能性があるものへの接触を最低限にとどめる」ことで患者および援助者の感染の危険性を減らす方法である。医療機関だけでなく保育所などの福祉施設の感染症予防対策においても標準予防策を取り入れ、徹底して実践することが大切である。感染の可能性があるものとして取り扱わなければならないものを図表8-2に示す。具体的な対処の方法を演習を通して身につける。

図表8-2　感染の可能性があるものとして取り扱わなければならないもの

①血液　②体液（精液、膣分泌液） ③汗を除く分泌物（鼻水、目やに、痰、唾液、母乳） ④排泄物（便、嘔吐物、尿） ⑤きずや湿疹などがある皮膚 ⑥粘膜（口・鼻のなか、肛門、陰部）

3. 予防接種

予防接種はワクチン接種によって病原体に対する免疫を獲得し、その病気にかからないようにするために行われる。接種可能な予防接種は、子どもも保育者も積極的に受けておくべきである。

予防接種には定期接種のほかにも任意接種で受けられるワクチンもあり、1回に複数のワクチン接種をする同時接種ができる。計画的に接種を受けるべきである。

Step2

演習1　嘔吐物処理の方法を身につけよう

課題

嘔吐物処理の方法を、ロールプレイを通して身につける。

進め方

（1）準備するもの

　使い捨ての手袋、エプロン、マスク、ペーパータオル（またはトイレットペーパー）、新聞紙、ビニール袋（大）、バケツ、次亜塩素酸ナトリウム溶液（0.1％、0.02％に希釈したもの）

① 0.1％次亜塩素酸ナトリウム溶液の作り方
- 原液の濃度が1％の場合は10倍にする（水3Lに原液300mLを入れる）。
- 原液の濃度が6％の場合は60倍にする（水3Lに原液50mLを入れる）。
- 原液の濃度が12％の場合は120倍にする（水3Lに原液25mLを入れる）。

② 0.02％次亜塩素酸ナトリウム溶液の作り方
- 原液の濃度が1％の場合は50倍にする（水3Lに原液60mLを入れる）。
- 原液の濃度が6％の場合は300倍にする（水3Lに原液10mLを入れる）。
- 原液の濃度が12％の場合は600倍にする（水3Lに原液5mLを入れる）。

（2）方法

　4人前後のグループをつくり、新聞紙を丸めたものなどを嘔吐物に見立て、以下の流れにそって嘔吐物処理の一連の方法を行う。1人が実施し、残り3人は待機して見守る。その後、処理の方法でよかった点、悪かった点をグループで話し合う。次に、処理を実施する人を交代し、順番に行っていく。

① 嘔吐物とその周囲に対する対処、消毒法

　手順1：嘔吐物を処理する人は使い捨てのマスク、エプロン、手袋を着用し、ビニール袋で足カバーをする。バケツにビニール袋を二重にしてセットする。

　手順2：嘔吐物にペーパータオル（またはトイレットペーパー）をかけて水分を吸い取り、広がらないようにする。同時に、窓を開け換気をする。

　手順3：ペーパータオルで嘔吐物を外から中へ向かって拭き、バケツの中の二重にしたビニール袋に捨てる。手袋をはずしてビニール袋に捨てる。手袋

Step2 プラクティス

のはずし方は**図表8-3**を参照。

手順4：新しい手袋を着ける。

手順5：嘔吐した場所を中心に0.1％次亜塩素酸ナトリウム溶液を染み込ませた新聞紙を1枚広げる。床材によっては消毒液が流れてしまうので注意する。カーペットには消毒液を直接染み込ませる。

嘔吐物は広範囲に飛び散るので、半径1.5mの範囲の床や壁をしっかり消毒し、10分間放置する（演習では10分間経ったと仮定する）。

手順6：使い捨てのマスク、エプロン、手袋、足カバーをはずし、ビニール袋に入れる。マスク、エプロン、手袋、足カバーとも、表になっている面を内側にくるむように、嘔吐物が直接手に触れないように注意してはずす。

手順7：最後に手袋をはずした後は必ず手洗いをする（正しい手洗いの方法については**演習2参照**）。手袋をしていたとしても手洗いは必要である。手洗いの手順と方法を、保育者も子どもも習慣づけることが大切である。

図表8-3 使い捨て手袋のはずし方

①手首に近い縁の外側をつかむ

②手袋の内側が表になるようにはずす

③手袋を着用している手ではずした手袋を握る

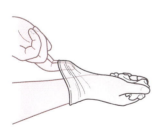

④手袋の、手首の内側に指を入れる

⑤握っている手袋におおいかぶせるように、内側が表になるようにはずす

⑥廃棄し、手洗いをする

第8講 感染症の集団発生と予防、対応

② 嘔吐物消毒後の対処

手順1：新しい使い捨てのエプロン・手袋を着用し、消毒した場所の新聞紙等を集め、二重にしたビニール袋に捨てる。その後消毒した場所を水拭きする。
手順2：使い捨てのエプロン・手袋をはずし、二重にしたビニール袋に捨てる。
手順3：ビニール袋の口を縛る。
手順4：触ったドアノブなどを、0.02％次亜塩素酸ナトリウム溶液を染み込ませたペーパータオルで消毒する。10分後に水拭きをする。
手順5：処理した人の上履きの裏を0.02％次亜塩素酸ナトリウム溶液で消毒する。嘔吐物を入れたバケツも消毒する。
手順6：手洗い、うがいをする。
手順7：次亜塩素酸ナトリウムのにおいがなくなるまで、換気はできるだけ長く行う。

演習 2　正しい手洗いの方法を身につけよう

課題

以下の手洗いの方法を確認し、いつでも正しい手洗いが行えるようにする。
手順1：腕時計、指輪などは必ずはずす。
手順2：必ず流水を用いる。洗面器などにためた水は使用しない。
手順3：固形の石けんではなく液体の石けんを使用し、3mLほど取って泡立てる。
手順4：両手をよく洗う（**図表8-4**）。洗い残しやすい部位（**図表8-5**）に注意する。
手順5：蛇口は自動栓が望ましいが、ハンドル式の場合は手と一緒に洗うか、ペーパータオルを使用して閉める。
手順6：ペーパータオルを使用して手をよく拭く。共用のタオルは使用しない。

図表8-4 手洗いの方法

①両手の平をこすり合わせる。

②手の甲もよくこすり洗いする。

③指先は特に入念に洗う。

④指の間もくまなく洗う。

⑤親指と手の平もていねいに洗う。

⑥手首も忘れずに洗う。

図表8-5 手洗い時に洗い残しやすい部位

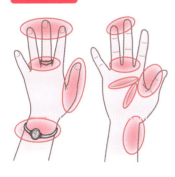

・指先や爪の間
・指の間
・親指の周り
・手首
・手のしわ
・指輪や時計ははずす

Step 3

1. 保育現場で嘔吐物の処理をする際の留意事項

以下に、保育現場で実際に嘔吐物（おうとぶつ）を処理する際の留意事項を示す。

嘔吐した子どもに対する対処

(1) 嘔吐したことを周囲の保育士などに知らせる。嘔吐した子どもを落ち着かせ、子どもの様子を観察する。緊急の対応が必要かどうか評価する。早退、医療機関の受診の必要性を判断し、保護者へ連絡する。

(2) 嘔吐物を処理する職員（1人か2人）、子どもを誘導する職員（1人）を決めて、子どもたちを汚染場所に近づかせないようにする。

(3) 嘔吐物を処理する職員は使い捨てのマスク、エプロン、手袋を着用し、ビニール袋で足カバーをする。バケツにビニール袋を二重にセットする。

(4) 新しい衣類を用意し、汚れた衣類を脱がせ、ビニール袋に入れる。

(5) 新しい手袋に替えて、子どもを着替えさせ、他の職員に子どもを預ける。なお、ベッドで休ませるときは頭の下にビニールを敷き、嘔吐用のビニール袋を準備するなど、再度嘔吐したときに対応できるようにする。

嘔吐物で食器が汚染した場合の消毒方法

(1) 使い捨てのエプロン、手袋をして、嘔吐物をペーパータオル（またはトイレットペーパー）で取り除き、二重にしたビニール袋の中に捨てる。

(2) 食器をビニール袋に入れ、決められた場所にもっていき、0.1%次亜塩素酸ナトリウム溶液に10分間浸す。食器をつける消毒液は、処理をしない職員が作って渡す。

(3) エプロン、手袋をして、食器を十分に流水で水洗いする。

(4) 消毒後の食器はビニール袋等に入れ、所定の場所に返却し、調理員に声をかける。ただし、ほかの食器とは別に、子どもの食事を搬出する棚以外のところから返却する。

園庭、砂場等での嘔吐物処理

(1) 嘔吐物をペーパータオル（またはトイレットペーパー）、シャベル等で取り除く。シャベル等を使用した場合は、0.1%次亜塩素酸ナトリウム溶液に10分間浸して消毒し、十分水洗いする。

(2) 周囲の土や砂も少し取り除く。

(3) 嘔吐した場所に0.1％次亜塩素酸ナトリウム溶液をかけ、子どもたちが近寄らないよう三角コーンなどを立てて消毒範囲がわかるようにする。なお0.1％次亜塩素酸ナトリウム溶液をかけた後は水を流す必要はない。
(4) 日光にさらす。

2. 感染症発生時の園の対応

　保育所内で感染症や食中毒が発生した、または発症が疑われる状況が発生した場合、ほかの子どもへの水平感染を防ぐために、冷静、迅速に適切な対応をとることが重要である。

発生状況の把握、記録の確認

　感染症や食中毒を疑う症状がいつから、何人発生したか、集中して発生したクラスはないかなど、発生状況の確認と、保育所が取った措置について確認し、記録する。2010（平成22）年からは保育園欠席者・発症者情報収集システムの「保育園サーベイランス」の運用が一部の保育所で始まっている。

感染拡大の防止

(1) 感染経路には飛沫感染、空気感染、接触感染、経口感染などがあるので、それぞれに対する予防策を徹底する。
(2) 感染症が発生しているときは全職員が情報を共有し、手洗い、便などの排泄物や嘔吐物の適切な処理、標準予防策を徹底して実践する。まだ診断が確定していない感染症に対しても、予防対策をとる。
(3) 嘱託医や看護師が配置されている保育所では、対応について適時相談し、必要時、適切な消毒を行う。
(4) 感染症と診断された子どもの保育については、保護者や嘱託医、かかりつけ医と相談し、必要に応じて登園禁止などを検討する。
(5) 施設長は必要時、嘱託医、子どものかかりつけ医や保健所、市町村保育担当課へ相談し対応を検討する。

3. 予防接種

就学前までに定期接種および任意接種の対象になっているワクチンは多く、複数のワクチンを同時に接種するなど計画的に行わなくてはならない。**図表8-6**に予防接種の推奨（すいしょう）スケジュールを示す。

図表8-6 予防接種の推奨スケジュール

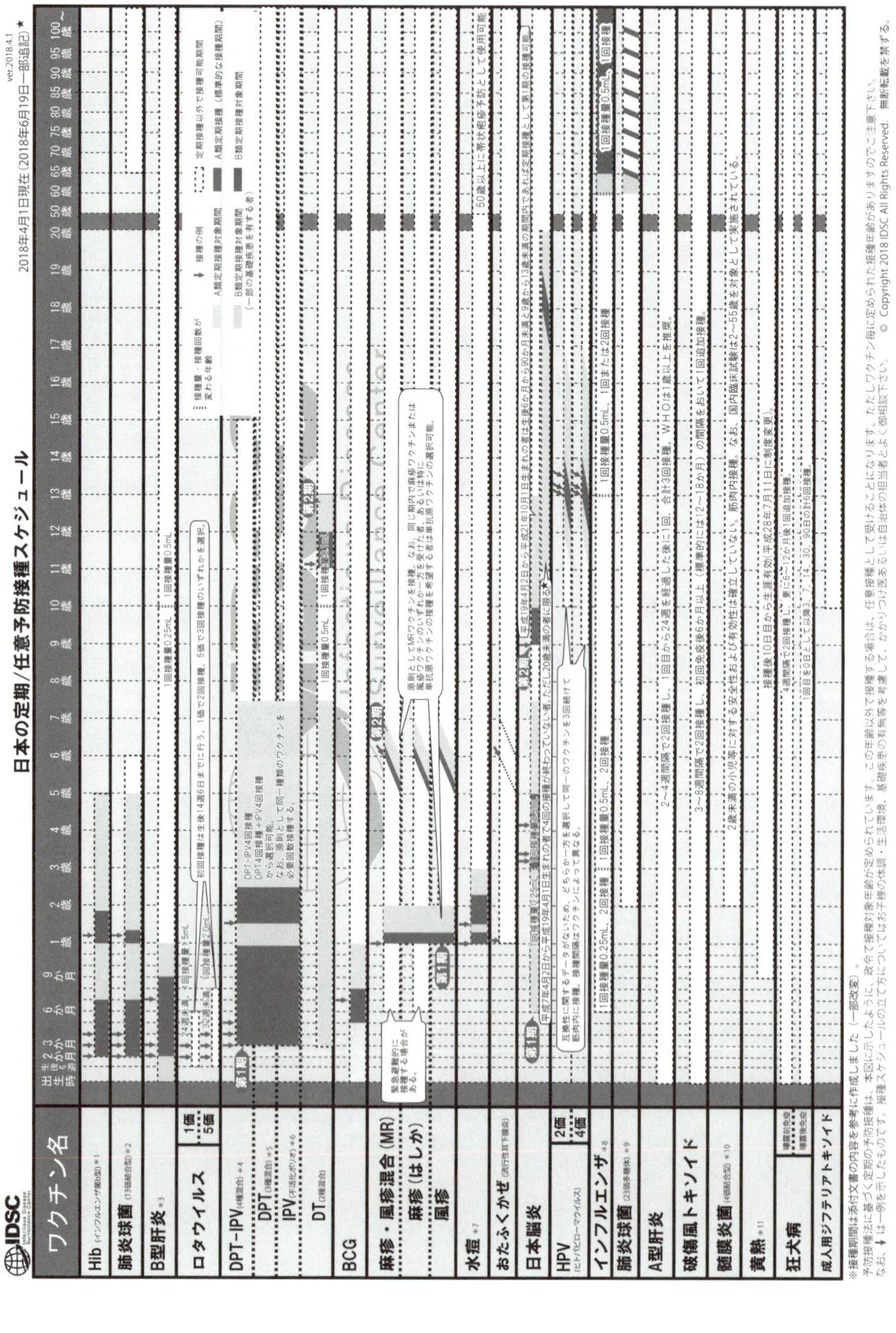

Step3 プラスα

第8講 感染症の集団発生と予防、対応

*1 2008年12月19日から国内での接種開始。生後2か月以上5歳未満の間にある者に行うが、標準として生後2か月以上7か月未満で接種を開始すること。接種方法は、通常、生後12か月に至るまでの間に27日以上の間隔で3回皮下接種（医師が必要と認めた場合には20日間隔で接種可能）、生後12か月に至るまでの間に27日以上の間隔で2回皮下接種、通常、1回皮下接種（医師が必要と認められた場合には20日間隔で接種可能）、初回接種から7か月以上あけて、1回皮下接種の追加。接種開始が1歳以上5歳未満の場合、通常、生後12～15か月に1回接種、追加免疫は通常、生後12～15か月に1回接種したのち、60日間以上あけてかつ1歳以降に1回追加接種。

*2 2013年11月1日から血液合型に替わって定期接種に導入。生後2か月以上7か月未満で開始し、27日以上の間隔で3回接種、接種開始が7か月以上12か月未満の場合、27日以上の間隔で2回接種、接種開始が主として生後12か月未満、接種開始から2回目の間隔で2回接種後、60日間以上の間隔で2回目の接種後、27日以上の間隔で追加接種。1歳：60日間以上の間隔で2回接種。2歳以上5歳未満、1回接種。

*3 2016年10月1日から定期接種導入。2歳以上5歳未満、1回接種。母子感染予防対象者が生まれた者は HBs 抗原陽性、2016年4月1日以降に生まれて定期接種して健康保険で受ける。

健康保険適用：
① B型肝炎ウイルス母子感染の予防対象者が抗 HBs 人免疫グロブリンとの併用【HB ワクチン】通常、0.25mL を1回、生後12時間以内を目安に皮下接種（被接種者の状況に応じて生後12時間以降とすることも可能。能動的 HBs 抗体が獲得されていない場合には追加接種。【HBIG（原則として HB ワクチンとの併用）】さらに0.25mL ずつを生後1か月後及び6か月後の2回、皮下接種。ただし、能動的 HBs 抗体が獲得できるだけ早期に行う。初回注射は0.5～1.0mL を初回の予防の目的で使用した場合
② 血友病患者にB型肝炎予防の目的で使用した場合
③ 業務外で「HBs 抗原陽性かつ HBe 抗原陽性の血液による汚染事故後のB型肝炎発症予防（抗 HBs 免疫グロブリンとの併用）」

労災保険適用：
① 業務上、HBs 抗原陽性かつ HBe 抗原陽性血液による汚染を受けた場合（抗 HBs 人免疫グロブリンとの併用）
② 業務上、既存の負傷に HBs 抗原陽性かつ活気性血液が付着した場合（抗 HBs 人免疫グロブリンとの併用）

*4 D：ジフテリア、P：百日咳、T：破傷風、IPV：不活化ポリオを表す。IPV は2012年11月1日から定期接種に導入。DPT-IPV 混合ワクチンは2012年11月1日から定期接種に導入。

*5 2015年12月9日から、野生株ポリオウイルスを不活化した IPV（ノーマンワクチン）を混合した cIPV ワクチンを混合した cIPV ワクチンの接種が可能。生ポリオワクチン株であるセービン株を不活化した従来の DPT-IPV ワクチンを不活化した IPV を混合した DPT-sIPV ワクチン。

*6 なお、生ポリオワクチン（OPV）の使用可能となった。

*7 2018年1月29日再び使用可能となった。

*8 2014年10月1日から定期接種に導入。3か月以上、IPV は2回接種後（標準的には6～12か月）の間隔をあけて2回接種。

*9 定期接種は毎年1回、北里研、化血研、阪大微研、デンカ生研、年度内に1回定期接種として可能。なお、「2歳以上の肺炎球菌による感染症の発生予防の目的で使用した場合のみ健康保険適用あり」、北里第一三共のインフルエンザワクチンは1歳以上が接種対象者。

*10 2015年5月18日から国内での接種開始。血清型 A,C,Y,W による侵襲性髄膜炎菌感染症を予防する。発作性夜間ヘモグロビン尿症における補体阻害剤あるいは非典型溶血性尿毒症症候群における血栓性微小血管障害の抑制、あるいは全身型重症筋無力症を投与する場合は薬名：ソリリス点滴静注エクリズマブ（製品名：ソリリス点滴静注エクリズマブ）には健康保険適用あり。

*11 一般医療機関での接種は行われておらず、検疫所での接種。

予防接種法に基づき定期の予防接種は、本図に示しました。政令で対象年齢が定められた接種年齢以外でも接種する場合があります。任意接種として接種することになります。このため、ここに示した対象年齢以外でも本図に示した場合あるいは基礎疾患の病状が様態あるいは生活環境の有無等を考慮し、しっかりかかりつけ医あるいは自治体の担当者とよくご相談下さい。なお、◆一例を示したものです。接種量あるいは接種方法等は各ワクチンごとに定められた接種年齢等により接種年齢等にありますので十分にご注意下さい。

資料：国立感染症研究所ホームページ（http://www.niid.go.jp/niid/ja/vaccine-j/2525-v-schedule.html）

参考文献
- 茨城県保健予防課健康危機管理対策室「保育施設における感染症対応マニュアル 第2版」2017.
- 厚生労働省『保育所における感染症対策ガイドライン 2018年改訂版』2018.
- 日本学校保健会『学校において予防すべき感染症の解説 平成30(2018)年発行』2018.
- 東京都新たな感染症対策委員会監,東京都福祉保健局『東京都感染症マニュアル 2018』2018.

第9講

保育における保健的対応の基本的考え方

本講では、保育において保健的対応が必要となってくる低年齢児、慢性疾患児、障害児等への保健的対応に関しての考え方の基本を学ぶ。Step1 ではこれらを解説し、Step2 では保健的対応が必要な場合の保護者とのかかわりと、対応のための体制整備に関して演習形式で学ぶ。Step3 では、保健的対応の1つとしての保育所での薬の投与について学ぶ。

Step 1

1. 保健的対応と保育士

　保育にあたっては、対象児の健康状態は常に意識されるものであるが、個別配慮を要する子どもなどにおいては、より保健的視点をもっての対応が必要になってくる。専門的な保健的対応は、園医、看護師、医療機関等との連携が必要であるが、日々直接乳幼児と顔を合わせている保育士の果たす役割は大きい。園児に近い位置でのよい保健的なかかわりは、園児や家族をよりよい状態にもっていくことの助けとなる。

　保育所は子育ての専門機関であり、専門職である保育士が中心を成している。地域にはさまざまな子どもたちが生活しており、当然、障害のある子どもや発達に問題のある子ども、家庭に問題のある子どもも少なくはない。保育所は児童福祉法に規定されている児童福祉施設であり、「保護者の労働又は疾病その他の事由により、その監護すべき乳児、幼児その他の児童について保育を必要とする場合において」保育を行うという機能のみではなく、発達や家庭に問題をかかえる子どもにとって、子育ての専門家の援助を受けられるという大きなメリットがある。また、多くの定型発達の子どもたちと適切な援助のもとで交わることができる点で大きな意義がある。

2. 低年齢児の保健的対応

　保育所で保育を受けられるのは0歳から小学校入学前までの乳幼児とされている（児童福祉法第24条第1項）が、近年、働く女性の増加とともに、0～2歳の低年齢の子どもの保育ニーズが高まっている。しかし、保育所における低年齢保育では特別な配慮が必要であり、需要に比して受け入れ枠が少ないのが現状である。以下、保育所保育指針における「保育の実施に関わる配慮事項」にそって、その配慮の内容を示す。

乳児保育で配慮すべき事項

　乳児は疾病への抵抗力が弱く、心身の機能が未熟であるために疾病の発生率が高くなる。したがって、一人ひとりの発育や発達状態、基礎疾患の有無などに配慮しつつ適切な保健的対応が必要になる。

　一人ひとりの子どもの生育歴の違いは、子どもの成長・発達に影響を及ぼしており、保育を行うにあたって十分に配慮しなくてはならない。乳児期は愛着（アタッ

Step1 レクチャー

チメント）の形成時期としてきわめて大切であり、愛着は特定の大人との間に形成されるため、できるだけ特定の保育士がかかわれるように配慮する必要がある。また、疾病に罹患しやすいことから、栄養士や看護師などのほかの職員、嘱託医と密接な連携をとり、より専門的な対応を可能にしておく必要がある。

3歳未満児の保育で配慮すべき事項

　3歳未満児は感染症にかかりやすい時期であり、からだの状態、機嫌、食欲など日常の状態をよく観察し、異変を察知したら適切な対応がとれる力を身につけておく必要がある。

　食事、排泄、睡眠、衣類の着脱、身の回りを清潔にすることなどの生活に必要な基本的な習慣については、一人ひとりの状態に応じ、落ち着いた雰囲気のなかで行うようにし、子どもが自分でしようとする気持ちを尊重し、子どもが自らできるようになることを援助する必要がある。

　子どもが探索活動を心ゆくまでできるように事故防止に努めながら活動しやすい環境を整え、全身を使う遊びなどさまざまな遊びを取り入れることが大切である。また、子どもの自我の育ちを見守り、その気持ちを受け止めるとともに、保育士が仲立ちとなって、友達の気持ちや友達とのかかわり方をていねいに伝えていくことが、子ども自身の仲間づくりのために大切である。

　保育士は子どもの情緒の安定を図りながら、自発的な活動をうながしていく必要があり、担当の保育士が替わる場合には、子どものそれまでの経験や発達過程に留意し、職員間で綿密な情報の共有を図り、協力して対応することが大切である。困った行動などの問題も明らかになってくる時期である。しかし、子どもの行動は個人差が大きく、2～3歳児では自我の発達にともない反抗を示す時期であり、対応が難しいいわゆる「イヤイヤ期」に該当する。制御できない困った行動を示す子どもについては地域の発達相談などの他機関と連携して、子どもへの適切な援助に努める。

　また、保護者と連携して、家庭での子どもの様子と保育所での子どもの様子について、綿密な情報交換を行い適切な保育を模索する必要がある。子どもに関する指摘を親に伝える場合には、決して、悪い点（短所）ばかりを並べないように注意し、よい点（長所、新たにできるようになったことなど）を伝える工夫を怠らないことが大切である。子ども自身も家庭と家庭外での行動を使い分ける知恵が出てくるため、家庭との情報交換がきわめて大切になる。保育所での子どもの行動を直接批判することは避けるべきであり、親のかかわりに結びつけて批判しないように、親

の心情に対する十分な配慮が必要である。

3. 慢性疾患児等の保健的対応

　慢性(まんせい)疾患をもつ子どもは病気による制限を受けながら生活をしなければならず、疾患によって生活上の困難・不自由・不利益が起こる。慢性疾患児のもつ困難の内容は個別性が高く、個々に特別な配慮を要する。身体虚弱の子どもは、保育所等での生活において、保育士が医療的な知識が十分でないことから、対応が慎重になりすぎ、個々の子どものもつ可能性を十分に伸ばせない場合もある。保育士の疾患理解や医療機関との連携が望まれる。

　慢性疾患児の保育上の制限としては、喘息(ぜんそく)の子どもの体調不良時の運動の制限や、アトピー性皮膚炎や食物アレルギーの子どもに関しては、食品を除去するなど、他児と同じ物を食べることに制限がある。摂取が禁止されている食品を口にすることや、突然起こった発作への対応、症状の悪化など、緊急時の対応も期待される。また、子どもへの対応の仕方を全職員に徹底する必要がある。

　慢性疾患児が、さまざまな制限から他児とは異なった我慢を強いられることがストレス源となり、心理的な不満をもち続けることや、年齢が上がるにつれて、他児が自分を特別視したり、皮膚症状などの外見に関して、自分は他児と違うという意識が自己形成に影響する懸念(けねん)もある。

　個々の子どもの情緒の安定や体調を考え合わせた保育内容を検討し、健康な子どもたちとの発達差が大きいなどの多様な個別性を考慮しつつ、保育内容を選定していく必要もある。また、疾患を有するため過保護になりがちであるが、少しずつ自力で取り組んでいけるように援助することも重要である。

　慢性疾患児は子ども自身が異変を訴えることが難しいため、病状の変化の有無に常に注意を要するなど、保育士の負担が大きい。さらに、病状の悪化など緊急時には、事前に保護者などから伝えられている対応をすることになる。これは、保育士の医療的な知識に限りがあるため、専門家からのサポートを受けつつ、適切に対応していくのがよい。保健の専門家との連携がうまくいけば、子どもの心身の発達可能性を最大限に助長するという保育の専門性を活かしていくことができる。

　慢性疾患児が自分らしさを表現し、自尊心を高める体験を提供することが、保育士だからこその支援であろう。他児からどう見られているか気にしているようであれば、子どもが安心できるよう、他児に疾患に関する理解を得るような説明をすることも視野に入れておく必要がある。保護者も保育所に対して、子どもが集団生活

をスムーズに送れるように対応してほしいこと、特別扱いをしないでほしいこと、他児へうまく病気の説明をしてほしいことなど、病気であっても集団のなかで孤立せずに過ごせるとよいという願望をもっている。

4. 行動に問題のある子どもへの保健的対応

　最近では親子の関係が思うようにならず、適切なかかわりのできない親のもとから、保育の専門家の手に子どもをゆだねるケースも増加してきている。もちろん、法的には保育には一定の要件が必要になるが、子育てを応援する手段として、家庭外保育を選択することもある。子どもはすべて親のもとで育てられるのが最も幸福だということでは必ずしもない。不適切なかかわりのある親のもとよりも、子育ての専門家による家庭外保育の方が子どもの健全な成育のために望ましいこともある。

　個性は、遺伝子による生来性の要因とその後の成育過程における環境要因により形成されるが、乳幼児期の子どもの性格は生来性に基づく部分が大きく、大人に比べると個性をむき出しにしており、個体差の強い集団である。保育士は一人ひとりの個性を把握し、個性に合わせて、個別に対応できる力量を身につける必要がある。保育士は専門職として、子どもの情緒の安定のために、これらの親に適切な子どもの扱い方を伝える責務がある。

　保育所には行動に問題をかかえる子どもが常時在籍している現実があり、これらの子どもへの対応のスキルを修得することと家庭への支援は保育士の使命になろう。

　また、保育所は、児童虐待の気づきの場として重要であり、保育士の力量が求められる。虐待は子どもの脳に不可逆的な損傷を与え、早期にその劣悪な環境からの解放を図る必要がある。少なくとも虐待を受けている子どもたちが示すサインを見逃さない知識とスキルを身につけておくべきである。

Step2

> **演習 1** 個別的配慮を要する子どもの保護者とのかかわりには、どのような心がけが必要か考えよう

課題

① 保護者の不安やストレスをどうサポートするか
② 子どもへの接し方に問題がある保護者にどう対応するか
③ 保護者とのコミュニケーションにはどのような工夫が必要か

進め方

（1）準備するもの

作業用チャート

個別的配慮の内容			
起こりうる保護者の状態			
それぞれの状態に対し、どのような保育士による保健的対応が考えられるか			

（2）方法

① 個別的配慮の内容を設定し、チャートに記入する
　例）気管支喘息、0歳児、発達障害など
② 起こりうる保護者の状態について、チャートに数点記入する
　例）慢性疾患への不安、心配のあまり過保護、子どもの障害を認めない、家でのケアやかかわりの困難など
③ それぞれの状態に対し、どのような保育士による保健的対応が考えられるかについて、チャートに記入する

解説・参考

（1）慢性疾患をもつ子どもの保護者とのかかわり

　慢性疾患児の保護者からの要望事項としては、食品の除去やアトピー性皮膚炎の子どもへの薬の塗布、必要時の薬の服用、激しい運動や活動を制限することなどがある。体調の変化に気を配る、悪化した場合は保護者にすぐ連絡を取るなど、子どもに細心の注意を払うことを保護者は期待していることが多い。

　保育士と保護者との情報交換については、送迎時の直接的な会話や間接的な方法があり、保護者が保育所に伝える内容としては、診察結果（注意事項も含む）、毎日の献立チェックの結果、家庭での子どもの心身の状態やその日の保育で注意してほしいことなどがある。また、保育所が保護者に伝える内容としては、子どもの一日の様子、体調の変化の有無、翌日の献立内容の確認依頼などがある。

　子どもの病気とのかかわりが気になる保護者としては、アレルギーがあるにもかかわらず、自宅では室内で動物を飼うなどの無頓着や、保育所には細かなことを要望するにもかかわらず、自宅では配慮を怠って体調を悪化させてくる場合など多様である。保護者が忙しくて、ゆっくり話をする時間がもてない、連絡帳に子どもの体調や家庭での様子をあまり書かない、母親が自分の都合によって子どもの体調の報告を加減することがある、家庭では除去食が十分できておらず、皮膚症状が悪化した状態で登園するなどの場合があり、保育士は困難を感じる。

　保護者が子どものことに無頓着であっても、保育士がしっかりと子どもに寄り添う関係を子どもが体験できれば、子どもの発達によい影響をもたらし、保護者への間接的な支援となるであろう。また、保育士が保護者とは異なった視点から子どもをとらえて保育を実践することは、さまざまな生活上の不自由をかかえる慢性疾患児にとって、ストレス発散にもつながる。慢性疾患を有しているかどうかではなく、一人の子どもとして、発達可能性を最大限に活かすことを保護者とともに考えたい。

（2）行動上問題のある子どもの保護者とのかかわり

　保育士が保護者とのかかわりで困難を感じる点は「保護者にどのように伝えようかと考えてしまう」、工夫している点は「保護者のプライドを傷つけないようあたりさわりのないように伝える」などであることが多い。

　行動上の問題をもつ子どもは発達障害児と診断されることが多く、これは保育所に在籍する障害児数のなかで大きな割合を占めている。行動上のどのような場面で保育士が困難を感じるかについては、特にどのような問題に特化するということは

なく、配慮の必要な子どもの保育の場では全般にわたって保育士が困難を感じる。

　行動上の問題に関する家庭支援の方法については、直接的方法である「個別に口頭や連絡帳で、しつけやそのヒントについて伝える」ほか、「保育所や幼稚園で、できるだけ子どもをしつけている」等の間接的方法が考えられる。保護者の前で子どもに対してかかわりの例を具体的にしてみせるなどの方法も効果的で、保育の専門性を活かした支援といえる。保護者は親子関係のなかでスキルや行動コントロールを子どもに身につけさせることができるようになる。このような支援は、親子の愛着形成や子どもの心理的発達の側面においても重要な意味をもつ。

演習 2　個別的配慮を必要とする子どもの保健的対応について、どのような体制整備の必要があるか考えよう

課題

① 園内の対応体制について、どのようなポイントをチェックするか
② 必要とする個別的配慮をどのように職員全員で共有するか
③ 個別的配慮に関して、園外の諸機関とどのような連携をもつとよいか

進め方

（1）準備するもの

　作業用チャート

個別的配慮の内容			
園内の体制の留意点			
園外のどのような諸機関とどのような連携を取ると効果的に取り組んでいけるか			

(2) 方法

① 個別的配慮の内容を設定し、チャートに記入する
　例）慢性疾患、低年齢、障害児など
② 園内の体制の留意点について、チャートに数点記入する
③ 各留意点に関し、園外のどのような諸機関とどのような連携を取ると効果的に取り組んでいけるかについて、チャートに記入する

解説・参考

(1) 園内の体制整備とその評価

　特別な配慮が必要な子どもに対して、適切な対応をするためには、職員間で情報を共有し、さまざまな視点から多面的にとらえて討議することが必要である。職員会議（ケース会議）の有無を確認し、記録内容を確認する。適切な保健的対応を行うには知識と技術の習得が必要となる。常に最新の知識を得て職員間で共有しているかを、園内研修記録や会議ノートを参照して確認する。

　障害児を受け入れるにあたり、施設のハード面のバリアフリーに対する配慮について評価する。園舎自体がバリアフリー構造でなくても、入所している子どもの状態に合わせた工夫を積極的に行う。

　障害は多様であり、障害の特性により、また、一人ひとりの発達やおかれている状況により対応が異なる。子どものよりよい発達をめざし、適切に対応するためには個別に指導計画を作成することが必要である。個別指導計画が作成されているかどうかを確認し、障害の特性を考慮した適切な内容となっているかを評価する。

　障害児保育においては、子どもが混乱しないように、対応を一貫させることが特に重要である。子どもにかかわる全職員が一人ひとりの子どもの状態や状況についての情報を共有し、対応についての討議がなされているかどうかを確認する。

　保育所は、すべての子どもが、日々の生活や遊びを通してともに育ち合う場であるから、障害のある子どもにとっても安心して生活できる保育環境である必要があり、そのための適切な配慮を行う。障害のある子どもとほかの子どもが生き生きとかかわり、それを双方にとって有意義な体験としていけるように、適切な配慮がなされているかを評価する。

　クラスでの活動に対して、障害児がどのように取り組んでいるか、クラスの子どもたちに対して、障害児についてどのように説明しているか、子どもたちが障害児の存在をどのように受け止めているかについて確認し、子ども同士のかかわりを観察する。

Step 3

1. 保育所で与える薬

　保育所へ登園する子どもたちは、ほとんど集団生活に支障がない健康状態にあり、通常業務として保育所で薬を扱うことはない。ただし、個別に配慮のいる場合など、医師の指示により保育時間内にどうしても薬を与える必要が出てくる。保育所において薬を与える場合は、医師の指示に基づいた薬に限定し、保護者に医師名、薬の種類、内服方法等を具体的に記載した与薬依頼票（園が決めた様式を用いる）を持参してもらう。医師に保育所に通園していることを伝え、可能であれば1日2回投与の可能な薬などを選択してもらう。このほか、園で常備薬を用意しておくこともある。

　保育所で保育士が園児に薬を与える行為については、以下のような通知が根拠となっている。

医師法第17条、歯科医師法第17条及び保健師助産師看護師法第31条の解釈について（平成17年7月26日医政発第0726005号）

　患者の状態が以下の3条件を満たしていることを医師、歯科医師又は看護職員が確認し、これらの免許を有しない者による医薬品の使用の介助ができることを本人又は家族に伝えている場合に、事前の本人又は家族の具体的な依頼に基づき、医師の処方を受け、あらかじめ薬袋等により患者ごとに区分し授与された医薬品について、医師又は歯科医師の処方及び薬剤師の服薬指導の上、看護職員の保健指導・助言を遵守した医薬品の使用を介助すること。（中略）

① 患者が入院・入所して治療する必要がなく容態が安定していること
② 副作用の危険性や投薬量の調整等のため、医師又は看護職員による連続的な容態の経過観察が必要である場合ではないこと
③ 内用薬については誤嚥の可能性、坐薬については肛門からの出血の可能性など、当該医薬品の使用の方法そのものについて専門的な配慮が必要な場合ではないこと

　保育所にあてはめると、保育士は医療職にはあたらないが、家族の依頼に基づき、一定の条件のもとで患児が薬を飲むことを介助できるという趣旨である。

2. 薬を預かって保管する

預かる際の注意

① 保護者から預かる薬は、必ず1回分のみとし、薬袋や水薬瓶に園児名とクラスが書かれているかを確認する。

② 預かる薬と保護者からの与薬依頼票、または連絡票（名前、クラス名、薬名、飲ませる時間、飲ませ方、または塗布の仕方や部位）とに違いがないか、処方日時等も併せて確認し、保護者からの手渡しで預かる。
③ 薬の預かりは、全職員が周知できるように報告をする。特に、薬を預かった職員は、責任者（園長・主査・看護師）やクラス担当者に漏れのないように伝える。

保管の仕方

① 薬と連絡票を確認のうえ、薬品戸棚（事故を防ぐためにも鍵のかかる所が望ましい）など、子どもの手のとどかない場所に保管する。
② 水薬は冷蔵庫での保管にするなど、薬は高温多湿を避け冷暗所での保管方法を守る。
③ 薬の保管場所は一定の場所にすること。また、全職員が周知しておく。保管がある場合には、誰もが気がつくように表示や目印など目につくように工夫する。

3. 預かった薬を飲ませる

薬の飲ませ方

保護者から預かった薬は、与薬依頼票（連絡票）の指示のとおりに飲ませる。
① 与薬の際は、与薬依頼票（連絡票）と薬を複数の保育士で確認する。
② 次に薬と子どもに間違いがないか複数の保育士で確認する。
③ 複数の子どもの与薬が必要な場合でも、1人ずつ名前と子どもとを確認しながら薬を飲ませる。
④ シロップは、容器をよく振って薬が沈殿していないことを確かめる。粉末は、少量の水で溶かしてスプーンやコップで飲ませる。また、家庭での飲ませ方も聞いておき対応する。
⑤ 薬を飲んだあとは、ミルクや水を飲ませる。薬をミルクに溶かすことは避ける。

薬を飲ませる場所

① ほかの子どもと離れた場所（医務室や事務所等）や薬を保管している場所がよい。
② 0歳児や泣いて嫌がる子は、安心できる保育士がそばにいる等配慮する。また、慣れている保育室・食事室で飲ませることもよい。

③ 与薬の子が複数いても、一人ずつ準備する。

飲み終わったあとの処理

① 飲み終わった薬袋の名前を再度確認し、飲み終わった薬袋に投与時間を記入し保護者に返す。
② 薬投与確認表に投与の時間とサインをする。

参考文献
- 片山美香「保育士がもつ慢性疾患患児の保育への意識に関する研究」『保育学研究』第48巻第2号，2010.
- 野澤純子，石田祥代，藤後悦子「保育上特別な配慮の必要な子どもの身辺自立の実態と家庭支援」『立教女学院短期大学紀要』第49巻，2017.
- 巷野悟郎監，日本保育園保健協議会編『最新 保育保健の基礎知識』日本小児医事出版社，2013.

COLUMN　小1プロブレムを視野に入れた地域との連携体制の考え方

　行動に難しさをかかえる子どもへのサポートチームの構成員としては、地域の学校の特別支援教育コーディネーター、各幼稚園・保育所の代表者、相談支援専門員、保健師、行政関係者などが考えられる。年間5回程度の会議を開催し、特別な配慮を必要とする一人ひとりの園児について、保育所の担任や保護者が困っていること、園児が直面している困難や課題等についての支援方針、対応について具体的に協議する。また、専門家を講師とし、障害についての学習会も実施する。

　保育カウンセラーは、養成講座の受講により全国私立保育園連盟が認定している資格である。保育カウンセリングの技能が身に付くほか、地域とのコーディネートのスキル等が養われる。保育カウンセラーはサポートチームでは中心的な役割を果たすことも期待される。また、臨床心理士等と各園を訪問し、特別な配慮を必要とする園児について、障害等の状況を見極め、園のサポート、保護者との面談など直接的な支援を行うこと等が期待される。

　また、「就学時講演会」「幼児教育講演会」などを企画実施するほか、啓発のためのリーフレットを作成し配布するなどの活動もサポートチームの役割となろう。

（加藤則子）

第10講

3歳未満児への適切な対応

　本講では、3歳未満児の子どもの形態的な成長発達の特徴と機能的な発達の特徴、心理社会的発達の特徴を学んだうえで、健やかな毎日を過ごすための基本的な日常生活における援助方法を学ぶ。

　Step1では、3歳未満児の成長発達と生活の特徴を学び、Step2では、乳児期における成長のアセスメントに関する考え方を演習形式で学び、Step3では、愛着形成の観点から保育における保育者の役割について学ぶ。

Step 1

1. 3歳未満児の特徴

　この時期は新生児期から乳児期、幼児期と身体的にも認知機能的にも大きく飛躍する時期である。

　人間は養育者からの養護がなければ生きながらえることができないほど未熟な状況で生まれてくる。スイスの動物学者ポルトマン（Portmann, A.）の説によると、人間は本来、妊娠21か月程度の妊娠期間が必要なところを大脳の発達を最優先にして「生理的早産」の状態で出生しているとされる。人間はこのような未熟な状態で生まれてくるからこそ、養育者から絶え間ない世話という名の刺激をたくさん受け、言葉を獲得し、情緒豊かにして成長発達していくことができる。この時期にどのように養育者がかかわるかが、乳幼児期の子どもの健全な成長発達の鍵を握るといっても過言ではない。保育士は、乳幼児の安全を守りつつ、健やかな成長発達をうながすかかわりが求められている。それでは、それぞれの特徴について詳しくみていこう。

2. 形態的成長の特徴

身長

　出生時約50cmであった身長は、生後1か月で4～5cm伸び、1年で出生時の1.5倍（約75cm）、4歳で出生時の2倍（約100cm）となる。身長は、栄養状態や病気の影響を短期間で受けにくいため、長期間継続して観察していく必要がある。

体重

　出生時の平均体重は約3000ｇである。体重増加の基準としては、生後3～4か月ごろ出生時の2倍（約6kg）となり、生後1年で出生時の3倍（約9kg）となる。幼児期の体重増加は乳児期よりも緩やかになり、2歳で出生時の4倍（約12kg）、3～4歳で出生時の5倍（約15kg）となる。体重増加については、発育曲線を用いてその子なりの体重増加を評価することも大切である。

　体重は栄養状態や病気の影響を強く受けるので、子どもの健康状態を知る重要な指標となる。成長・発達が著しい時期は、身長と体重を1か月に1回程度計測し、成長の程度を評価する必要がある。身長と体重の増加のバランスが悪い場合や体重の伸びが悪い場合は、栄養の摂取状況を把握し、必要時には受診を勧める。

3. 機能的発達の特徴

体温

　乳幼児の体温は、体温調節機能が未熟であること、体表面積に対して汗腺（かんせん）の発育が未熟であること、筋肉や皮下脂肪が薄く、体表面積が大きいことなどから、環境温度の影響を受けやすい。また乳幼児の体重1kgあたりの基礎代謝量は成人の2～3倍あるため平均体温も高い。着衣の枚数は、成人と同じか1枚少ないくらいの着衣でよいといわれているが、乳児期は特に環境温度に合わせて調整をする。

睡眠

　新生児期の睡眠パターンは昼夜の区別がなく、睡眠と覚醒（かくせい）を繰り返す多層性睡眠をしているが、朝起きて日光を浴び、夜は静かな暗いところで寝る生活を繰り返すことで、生後3か月ごろより成人と同じ生体リズムに近づく。また、睡眠にはノンレム睡眠とレム睡眠があり、眠りのなかでリズミカルに繰り返されている。成人は約90分、乳児は40～50分で1つのサイクルである。月齢が小さいほど脳幹のはたらきで出現するレム睡眠が多い。大脳皮質が発達するとノンレム睡眠が出現してくるが、このノンレム睡眠時に成長ホルモンが多く分泌（ぶんぴつ）される。

　これらの睡眠や生体のリズムを整えることは、体温調節やホルモンの分泌などに影響しているため健やかな成長発達に欠かせない。

　生体リズムを整えるためには、朝の光を浴びることや、夜間、長時間に渡り光（テレビやスマートフォンなど）を浴びないように生活していく「早寝早起き」の習慣が大切である。子どもの睡眠は家庭での生活の影響を強く受けているため、家庭での起床時間や就寝時間について日々情報を得ていくことが必要であり、一日の体調と合わせて午睡（ごすい）の管理をしていく。

　また、睡眠時は呼吸や心拍数などが少なくなるため、こまめな観察が必要である。子どもが寝ているからといって部屋を子どもたちだけにするようなことはあってはならない。呼吸の状態、顔色、嘔吐（おうと）の有無、就寝中の姿勢（うつぶせ寝は乳幼児突然死症候群（SIDS）予防の観点からさせない）などを観察することが大切である。

水分代謝

　子どもの身体の水分が占める割合は、成人に比べて多く、乳児は体重の70％が水分である。そのため、必要水分量も多く、乳児は120～150mL/kg/日、幼児では

100〜120mL/kg/日程度である。一般的に乳幼児は水分代謝の回転が早く、発熱や下痢・嘔吐などによって容易に脱水に陥る。そのため、こまめな水分摂取が必要である。

消化器系

乳児期では、胃の形態は成人のものとは違い、とっくり型をしており、胃の入り口を閉じる括約筋にも発育不全があるため、ミルクを吐いてしまったり（吐乳）、飲んだミルクが逆流して戻ってきやすい（溢乳）。そのため、授乳後は、排気（ゲップ）をさせ、溢乳を防ぐ必要があるが、3歳くらいで胃は成人と同じ形に変化し、胃容量も身体の成長にともなって増え、食塊の停滞時間も長くなる。消化・吸収機能は2〜3歳で成人レベルとなる。

4. 乳児の生活援助

離乳と卒乳

2007（平成19）年に厚生労働省が策定した「授乳・離乳の支援ガイド」によると、離乳とは「母乳または育児用ミルク等の乳汁栄養から幼児食に移行する過程」という。離乳の開始は、なめらかにすりつぶした状態の食物をはじめて与えたときを指し、その時期は生後5〜6か月が適当とされている。離乳を開始するときの乳児の発達の目安としては、①首がすわっている、②支えてやると座れる、③食物に興味を示す、④スプーンなどを口に入れても舌で押し出すことが少なくなるなどがある。離乳の完了時期は、生後12か月から18か月ごろである。

母親の意思によって母乳栄養をやめることを「断乳」といっていたが、最近では「卒乳」という子どもが自然に母乳から離れるまで母乳を飲ませる方法が推奨されている。

母乳栄養は、母子関係において、単に栄養学的な面だけでない母子相互作用がある。三度の食事を乳汁以外の食物から摂取できるようになれば、母乳栄養の栄養学的意義は小さくなるが、母乳育児は栄養学的意義よりも母子の絆づくりや愛着形成などの意義が非常に大きい。そのため、「断乳」や「卒乳」に関しては、子どもの母乳への執着の程度や母親が「断乳」や「卒乳」の時期についてどのように考えているのかが重要であり、離乳が進んだから必ずしも母乳をやめなければいけないものでもない。保育者は、保護者と連携をとり「断乳」や「卒乳」の段階を正しく

Step1 レクチャー

把握して日中の様子を保護者に伝えたり、母乳を卒業しようと頑張っている子どもを認め褒めるなどして「断乳」や「卒乳」がスムーズに進むように対応していくことが必要である。

自食行動の発達

「食べる」という行為は幼児の手と口の協調運動の発達により「自食準備期」「手づかみ食べ機能獲得期」「食具食べ機能獲得期」へと段階的に発達する。自食準備期は自分の手でつかみ、口まで持ってくる一連の行動を「歯固め遊び」などを通して獲得する時期である。手づかみ食べ機能獲得期では、その後の食育や食具を用いて食べることの準備段階となるため、1歳半ごろまでは手づかみ食べを十分に経験させることが大切である。食具食べ機能獲得期では、スプーンが握れるようになる1歳ごろから食具を使った口と手の協調感覚を獲得できるように支援する。

いずれにせよ、子どもには「食に興味がもてる」「楽しく食事がとれる」ことを目標にかかわっていくことが求められる。

5. 3歳未満児の運動発達と事故

子どもの事故は発達との関連がある。保育者が子どもの発達を正しく理解し、その時期に多い事故と発達上起こりやすい事故を理解し、適切な事故防止策を講じることによって大部分の事故は防止できるものと考えられる。

例えば、寝返りのできない生後4か月ごろまでの子どもは、ベッド上で横になって過ごすことが多いため、受動的な事故が多い。顔などに掛かったハンカチなどを自分で取り除くことができないため、窒息（ちっそく）などの事故が非常に多い。しかし、生後4か月以降は急激に能動的な事故が増加する。手に触れるものは何でも触り、口に持っていくようになるため、やけどや誤嚥（ごえん）、窒息の事故が増加する。生後6か月になると寝返りができるようになるため、高い場所からの転落が目立つようになる。その後、座位、ハイハイ、つかまり立ち、一人歩きと移動手段を獲得していくが、すぐに転倒することも多く、打撲（だぼく）や転落などの事故が目立つようになる。1歳以降、一人歩きなどの運動機能を獲得すると、活動範囲はより拡大し、危険も多くなる。

子どもの発達段階を理解し、適切な対応をすることにより大部分の事故は防止できることを念頭におき、保護者への教育も含めて適切な事故防止策を行っていくことが肝要（かんよう）である。また、子どもたちが集団生活を送る保育施設では危険察知能力が未熟な子どもたちが集まって生活をしているため、さまざまな事故が多発しやすい

図表10-1 発達の状態と起こりやすい事故

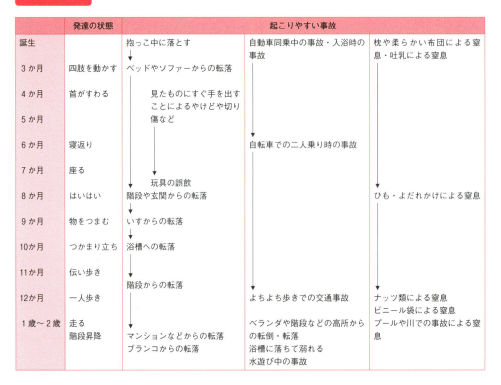

場所といえる。十分な事故予防策を講じたうえで、万が一事故が発生してしまったときには、適切な対応を行い、そのような事故が再発しないように、事故を振り返り安全対策を再構築していく。

6. 乳幼児への薬の与薬

　乳幼児は身体各部の発育が未熟なため、薬剤の吸収・代謝・排泄などの反応が敏感である。乳幼児期の場合は、粉薬・シロップの形で処方されることが多いが、指示量を確実に服用できるように援助することが重要である。内服の必要性が理解できない子どもにとっては苦痛となりやすい。苦痛を感じることが少ない方法を保護者と相談しながら決めるようにする。

　薬の与薬に関しては、安全管理の観点からは、保護者もしくは看護師が行うことが望まれるが、現状として保護者が記載した与薬表の指示通りに保育者が与薬するケースもみられる。保育施設において与薬は、医師から処方された薬のみを扱い、医師の指示通りの与薬に限局した形で取り扱うべきであろう。

Step1 レクチャー

　実際の内服の際には、内服の5R*¹といわれる子どもの氏名・薬の名前・薬の量・与薬方法・与薬時間を確認することが重要である。

留意点

・子どもの発達段階に合わせて、内服に関してわかりやすい言葉で説明を行う。
・満腹時に与薬をすると嫌がるので、時間が指定されていない場合は、哺乳と哺乳の間や食事の直前の空腹時に行う。
・多量の液体に溶解すると、嫌がった場合に内服できないので、2～3 mL程度の薬が溶ける最低量の白湯で溶解すること。
・ミルク嫌いや偏食の原因となるので、ミルクや離乳食に薬を混ぜないこと。
・誤嚥を防ぐために、抱くか、上体を起こして与えること。
・嫌がっているときに無理やり与えると、誤嚥する可能性が高くなるので、遊びを取り入れるなど機嫌がよくなってから与えるようにすること。

方法

　苦味が強い薬剤の場合は、散剤を1～2滴のシロップや糖水で練って口腔内に塗りつけて、服用後に適量の水分やミルクを勧める。塗りつける場所は、内頬が吐き出しにくいため好ましい。
　生後2か月以降の乳児では、吸啜反応を利用して、乳首を用いることもできる。
　生後4～5か月以降の乳児では、スプーンを使用して少量ずつ舌の中央にのせ、嚥下を確認してから次の量を与えると自然に嚥下できる。
　認知レベルの発達状況に合わせて、内服の必要性などをわかりやすく説明し、苦痛の少ない内服方法を探る必要がある。薬との相性もあるため、一つひとつの薬剤の特性を活かして工夫をする必要があるが、ヨーグルトやアイス、練乳などに混ぜて内服させると飲みやすい薬もある。また最近では、内服用のゼリーも市販されているため、保護者と相談し必要時には利用することも検討する。
　いずれにせよ、可能な限り苦痛を少なくできるように与薬の仕方を工夫し、内服できた後には十分に褒めたりねぎらうことが必要である。

---

*1　Right Patient（正しい患者名）、Right Drug（正しい薬剤名）、Right Dose（正しい薬剤量）、Right Route（正しい与薬方法）、Right Time（正しい与薬時間）の5つである。

Step2

> **演習** 乳幼児の成長のアセスメントを通して、今後、情報収集や観察すべき点を考えよう

課題

① ももかちゃんの身長と体重を身体発育曲線にプロットし、現段階までの身長と体重増加の経過をアセスメントしてみる。
② 保護者から情報収集すべき点とももかちゃんへ観察すべき点について考える。

進め方

① 2010年調査値の身体発育曲線（**図表14-2（169ページ）参照**）を用いて、ももかちゃんの身長と体重をプロットしてみる。
② ①で描いた身体発育曲線についてアセスメントする。保護者から情報収集すべき点やももかちゃんの観察項目について個人で考えた内容をグループで話し合う。

事例

生後11か月のももかちゃん。出生体重は3230ｇ、身長50cmで生まれた。生後4か月で保育園に入所してきた。そのときの体重は6400ｇであり、身長は62cmだった。保育園入所後は1か月に1回身長と体重測定をしている。身長と体重の経過は以下の通りである。

月齢	身長(cm)	体重(ｇ)	月齢	身長(cm)	体重(ｇ)
出生時	50	3230	生後7か月	67	7300
生後1か月	54	4060	生後8か月	69	7560
生後4か月	62	6400	生後9か月	71	7600
生後5か月	65	7200	生後10か月	73	7640
生後6か月	66	7260	生後11か月	75	7660

解説

身長は50パーセンタイル値付近での発育曲線を描いて伸びているものの、体重増加は生後6か月以降ほぼ横ばいになっており、発育曲線上も横ばいになっていることがわかる。

Step2 プラクティス

図表10-2 情報収集が必要と思われる項目

・離乳食とおやつの形態と摂取量	・現在までの発達状況と既往歴
・排泄（はいせつ）の頻度と性状	・日中の活動量と活気
・授乳をしている場合は、与え方と量	・保護者やきょうだい児の身長や体重の伸び方

　このような場合は、保護者からも家庭での情報を得て、日中の園での生活と照らし合わせて総合的に判断し、必要時には保護者へ離乳食などのアドバイスを行ったり、医療機関への受診をうながす必要がある。

　生後11か月ともなれば、ハイハイ、お座り、つかまり立ちなど、活動量が格段に上昇してくる時期である。乳幼児にとっては、三度の離乳食で得られる摂取カロリーのみでは活動量に比して摂取カロリーが不足してしまうことが多い。体重増加不足の大半の理由は、摂取カロリーが、活動によって消費されるカロリーに追いつかないことで起きていることが多い。母乳やミルクばかりを欲しがり離乳食が進まず摂取カロリーが不足するケースもみられる。過度にミルクや母乳に依存傾向が強い場合は、母乳やミルクから意識を逸らす意味も含めて、昼間の活動を増やし、昼食や夕食前には空腹を感じられるように支援する。この時期の子どもにはおやつから摂取できるエネルギーも非常に重要で、バランスよく栄養素が摂取できるような献立（こんだて）を考えるようにする。また、親の体格や発育経過は遺伝することが多いので、親やきょうだい児の成長の経過を知ることも子どもの成長の目安となる。

　いずれにせよ、栄養のIN-OUTバランスをアセスメントする必要がある。OUTは消費カロリーだけでなく排泄物の観察も非常に重要で、下痢（げり）が長期間続いているような場合、消化吸収が効果的にできていない指標になるため注意が必要である。

　もう1つの視点として、ネグレクトがないかどうかも判断する必要があろう。保護者とのやりとりの大部分は連絡ノートで行われるが、乳児期の連絡ノートには家庭では何時に何をどの程度食べたか、授乳量と一緒に記載できるノートを用いるとよい。そこからある程度の情報は得られるが、保護者が必ずしも真実を記載しているとも限らない。そのようなときは、排便の量や性状も観察するとよい。乳児期は消化機能が未熟なため、便の性状で何を食べたのか把握（はあく）できることも少なくない。離乳の段階に適さない大きさの食べ物がそのままの形状で排泄されたり、離乳の段階にそぐわない食物がそのまま排泄されてくることもある。このような場合は、注意が必要である。

　上記の内容について情報収集し、必要時、医療機関へつなげることが必要である。

Step3

1. 保育士に求められる姿勢

　子どもの育ちにおいては、乳児期においてしっかりとした愛着形成を基盤とした情緒の安定や他者への信頼感の醸成が必要不可欠である。

　池頓らの研究「０歳児保育所児の母親と保育士に対する愛着形成」によると、保育士に対する愛着は母親に対する愛着と遜色なく、０歳児にとって保育士は重要な愛着対象であり、子どもは保育士と安定した愛着を形成していることがわかっている。乳児期は、その後の対人関係の基盤となる基本的な信頼関係を形成していくための重要な愛着形成期であるが、子どもが他者との愛着を形成するにあたって、保育士は非常に重要な役割を担っていることが示唆された。

　乳児は、覚醒している時間の大部分を保育所で生活している。そこで与えられる刺激や関係性が乳児の成長発達に与える影響は計り知れず、保育所でかかわる保育士の役割は非常に大きいといわざるを得ない。保育者は単に預けられた時間だけ乳児を見守っていればよいだけではない。乳児の健やかな成長発達を考えたとき、乳児の家庭での生活にも視点を向ける必要がある。

　近年の社会的動向でもある少子化や核家族化、地域住民同士の交流の希薄化は、子どもと触れ合う機会がないままに妊娠・出産を経験する多くの母親を生み出している。このような母親は育児技術が未熟であるのみならず、「子ども（赤ちゃん）がいる生活」が具体的にイメージできず、「赤ちゃんがこんなに泣くとは思わなかった」「子育てがこんなに大変だとは思わなかった」など育児に関してリアリティショックを起こしていることが多い。また、このような社会的背景や母親のリアリティショックは、母親の育児困難感を増強させ、育児不安や育児ストレスを高める要因となっている。

　子どもの健やかな育ちを保障するために、地域や社会が保護者に寄り添い、子育てに対する負担感や不安感、孤立感を和らげられる環境を社会全体で整えることが必要不可欠である。このような状況の母親に適切な支援を届けられるのは、子育ての一番近くにいる保育士の役割が大きい。

　保育士は、子どもの健やかなる成長と発達をうながす保育を提供すると同時に、保護者にも保護者の生活状況をアセスメントしつつ、適切な保護者支援が求められている。保護者からの相談のみならず、気になる子どもの様子や保護者の言動がみられた場合には、すみやかに情報を収集し適切に支援していくことが求められる。

　保育士には、子どもの成長発達を保護者とともに喜び、そしてあたたかい眼差しで母子とその家族を見守る専門職としての活躍が期待されている。

2. 愛着形成

　出生直後から乳児は養育者（一般的には母親）とかかわりを深め、両者間に愛情のともなった絆（bond）が形成されていく。この情緒的絆をボウルビィ（Bowlby, J.）はアタッチメント（Attachment、愛着）と呼んだ。ボウルビィはアタッチメントを危機的な状況に対して、あるいは危機に備えて特定の対象との接近を求め、維持しようとする個体の心理的傾向であると述べ、乳幼児の健全な発達にとって特定の一人（あるいは少数）の大人によって安定した養育がなされることが必要という独自の愛着理論を構築した。

　乳児は、出生直後から「泣く」「声を出す」などのアタッチメント行動をとるが、次第に乳児のアタッチメント行動に対して、適切にかつ一貫して応答してくれる特定の人物に、より多く反応するようになる。

　生後6～8か月ごろになると、乳児は自分の世話をしてくれる母親や養育者と他者を見分けられるようになり、アタッチメントの対象である母親と引き離されると心理的混乱を引き起こし、泣くなどの「人見知り」行動がみられる。人見知りがあるということは、特定の人との結びつきが行われている証拠にもなり、心理社会的発達の側面からは重要な視点である。またこのころになるとアタッチメントの対象者である養育者を安全のための基地として、周囲への探索行動を行うようになる。養育者がそばにいると自信をもって動き回ることができる。

　愛着形成に問題がなければ、3歳ごろまでには、アタッチメントの対象者と一緒にいることができなくとも、「そのうち戻ってきてくれる」と相手の気持ちや状況に気づくことができるようになり、養育者と分離された状況を受け入れられるようになる。

　近年、母親以外の人物との間にアタッチメント関係を形成することに積極的な意味を見いだす見解がでてきている。乳児にとって、母親以外にもアタッチメントの対象がいれば、母親の養育の質が低下しても、乳児は母親以外の者を「安全基地」として利用するため、発達への影響を少なくすることができるというものである。子どもの生活において、一貫して役割を果たし、情緒豊かにかかわっている保育者は、アタッチメントの対象になりうると考えられている。保育士は、乳児の発した「泣く」「声を出す」などのアタッチメント行動に対し、「触れる」「抱く」「声をかける」など適切に反応し、安心感や信頼感を得て、アタッチメントを形成できるようにはたらきかけていくことが大切である。

参考文献

- 中野綾美編『ナーシング・グラフィカ小児看護学① 小児の発達と看護』メディカ出版，2015．
- 反町吉秀監，稲坂恵『なぜ起こる乳幼児の致命的な事故』学建書院，2013．
- 野中淳子『改訂 子どもの看護技術』へるす出版，2007．
- 林佳奈子・岡戸敏子・日下奈美「経口；子どもの成長発達と内服方法」『小児看護』第32巻第4号，2009．
- 田中哲郎（事故防止マニュアル作成委員会）「母子保健事業のための事故防止指導マニュアル——子どもの事故予防のための市町村活動マニュアルの開発に関する研究」厚生労働省，2005．
- 「「授乳・離乳の支援ガイド」の策定について」平成19年3月14日雇児母発第0314002号
- 池頓清美「0歳児保育所児の母親と保育士に対する愛着形成」
- 平野美沙子「アタッチメント（愛着）形成と、保育の役割」『環境と経営』第19巻第2号，2013．
- 初塚眞喜子「アタッチメント（愛着）理論から考える保育所保育のあり方」『相愛大学人間発達学研究』第1巻第3号，2010．
- 白野幸子『子どもの保健Ⅱ』医歯薬出版，2017．
- 厚生労働省「平成22年乳幼児身体発育調査報告書」2010．
- 厚生労働省「保育所保育指針」2017．

第11講

個別的な配慮を必要とする子どもへの対応

この講では、慢性疾患やアレルギー疾患などをもちながら生活する子どもと家族への支援方法を学ぶ。障害や疾患をもちながらも、その子どもなりの成長や発達が遂げられるように援助する必要がある。Step1では、これらを解説し、Step2では事例を用いて食物アレルギーへの対応の方法を演習形式で学ぶ。そして、Step3では、厚生労働省「保育所におけるアレルギー対応ガイドライン」を参考に保育所におけるアレルギー疾患の生活管理表などの紹介を行う。

Step 1

1. 個別的な配慮を必要とする慢性疾患

　WHO（世界保健機関）は、慢性疾患を「長期に渡り、ゆっくりと進行する疾患」と定義している。慢性疾患は、症状が一定せず、経過が長期に及び、治療を受けても完全には治癒しにくいという特徴をもつ。慢性疾患をもつ子どもは、長期の入院生活や定期的な通院が必要になることがしばしばあり、発達途上にある子どもにとっては、治療を受けるだけでなく発達をうながす遊びや学習が欠かせない。そのため、病児保育や病棟保育などの活躍も望まれている。

　また、慢性疾患をもつ子どもの家族への配慮も必要不可欠である。保護者は、長い間病気の子どもをケアするなかで心身ともにストレスが高く、きょうだい児がいる場合、そのきょうだい児も影響を受けていることが多い。慢性疾患や障害をもつ子どものきょうだい児への配慮も必要である。

　保育所や幼稚園などの社会生活においては、慢性疾患や障害をもっていても、その子なりの成長発達を最大限に発揮できるように工夫した保育を提供することが大切である。必要時には、主治医や看護師、地域の保健師などとも連携を取りながら、子どもと家族が望む生活を送れるようにサポートしていく必要がある。

2. 幼児期によくみられる健康障害とそれぞれに必要な具体的な支援

アレルギー疾患

　身体には、外部から侵入してきた異物（抗原）を認識して抗体を作り、次に同じ異物が体内に侵入してきたときにそれを排除しようとする機能（抗原抗体反応）がある。このはたらきを体液性免疫といい、病原微生物から身体を守るはたらきをしているが、その抗原抗体が過剰に反応してしまい、その結果、身体に不利になる反応を起こすことがある。これをアレルギーという。乳幼児のアレルギー疾患の代表格として、気管支喘息、アトピー性皮膚炎、食物アレルギー等があげられる。

　保育所や幼稚園には、さまざまなアレルギー疾患をもっている子どもがおり、一人ひとりアレルギー反応を引き起こす原因アレルゲンは異なる。正確な情報と対処方法を子ども一人ひとりに合わせて確認しておくことが重要である。また、アレルギー疾患は急激な体調変化を起こすこともあるため、子どもも保護者も不安が強い生活を強いられていることが多い。子どもと保護者が安心して生活を送ることがで

きるように家庭と園が正しい知識を共有し連携して見守っていく必要がある。

（1）気管支喘息

　発作性に喘鳴を伴う呼吸困難を繰り返す病気である。症状としては、呼気時に"ヒューヒュー"や"ぜいぜい"といった喘鳴が聞かれる。わが国の有病率は、毎年増加傾向にあり、年少児ほど有症率が高いのが特徴である。

　発作時の対処方法と連絡方法を具体的に保護者と確認しておくことが望ましい。また、発作の誘因について保護者に確認しておくとよい。ハウスダストやダニが誘因の場合には、掃除に関連した配慮が必要となる。運動誘発性喘息の場合には、運動前に吸入をすることもある。また、気圧が変わりやすい天気の日や湿度の高い日などに発作が起こりやすい子どもも多い。そのため、天候にも注意するとよい。

　発作時の対応としては、寝かすよりも座っている方が胸腔面積が広くなり呼吸が楽である。できるだけ、水分を摂らせて痰の排出をうながす。また、発作時に医師の指示で吸入や飲み薬が出ている場合には、すみやかに服用をうながす。吸入や内服時間を記録し、喘鳴が改善しない場合は受診する。

（2）アトピー性皮膚炎

　皮膚の乾燥とかゆみのある湿疹が慢性的に続く症状である。乳児期には、顔面、頭部、耳周囲に出現しやすく、幼児期になると目の周囲、ひじの内側やひざの裏、手首、足首などに出現しやすい。乳児期では、掻痒感が強いと遊びや活動に集中できなくなったり、落ち着かなかったりすることがある。また、かゆみを我慢できずにかき壊してしまうことで、患部を感染させてしまうこともある。患部を清潔に保ち、適切な内服薬や外用薬を使用することが大切であるが、保育所や幼稚園で与薬を行う際には細心の注意が必要である。

　対応策としては、かゆみが出現した場合には、子どもが患部をかき壊す前に患部を清潔に保ち冷やすことが勧められる。濡れたタオルや保冷剤を用いて患部をやさしく冷やすとよい。必要時には、保護者から依頼されている保湿剤やかゆみ止めを塗布する。

　また汗をかいた場合には、シャワーを浴びさせたり、清拭をすることも大切である。清潔な下着を身に着けることが望ましい。プールの水には塩素が含まれており、皮膚症状を悪化させるため、必ずシャワーを浴びさせる。皮膚症状が強い場合には、感染予防の観点からプールを控えることも必要である。

（3）食物アレルギー

　食物アレルギーとは、特定の食物を摂取したあとに、アレルギー反応を介して、皮膚症状（じんま疹など）や粘膜症状（口腔内の違和感や発赤など）、呼吸器症

状（くしゃみ、喘鳴など）、消化器症状（下痢や嘔吐など）が引き起こされるものである。これらのアレルギー反応により皮膚症状や消化器症状、喘鳴や息苦しさなどの呼吸器症状が複数かつ同時にかつ急激に出現した状態をアナフィラキシーという。そのなかでも血圧が低下し意識レベルの低下や脱力（ぐったり）、頻脈などをきたすような場合をアナフィラキシーショックと呼び、ただちに適切な対処を行わないと生命にかかわる重篤な状態であることを意味する。乳幼児期のアナフィラキシーの原因のほとんどは食物であるが、それ以外にも医薬品、食物依存性運動誘発アナフィラキシー、ラテックス（天然ゴム）、昆虫刺傷などがアナフィラキシーの原因となりうる。食物のなかでも、卵・乳製品・小麦は三大アレルゲンといわれており、初めて与える際には注意が必要である。

　アレルギー反応のなかでも特に注意をしなければならないのはアナフィラキシーショックを引き起こしている状態である。意識障害などがみられる子どもへの対応策としては、まず適切な場所に足を頭部より高くした体位で寝かせ、嘔吐に備えて顔を横向きにする。そして、処方薬（内服薬やアドレナリン自己注射器（エピペン））があれば、すみやかに与薬することが重要である。意識状態、呼吸状態、心拍、顔色などを観察しながら適切な処置（ときに蘇生）を行い、すみやかに医療機関に搬送する。

　子どもが誤ってアレルゲンを口にした場合の具体的な対応策を**図表11-1**に示す。アレルゲンを含む食品を口に入れたとき、口唇や口腔内のしびれなどの違和感や発赤がみられることがある。発見した時点で口から出させ、口腔内を大量の水ですすぐようにする。アレルゲンを大量に摂取した場合は、吐かせる方法もあるが、誤嚥のリスクもあるために注意が必要である。アレルゲンが皮膚についた場合は洗い流す。傷がある場合、こすり洗いをすることでかえってアレルゲンを吸収させてしまうため、可能な限りこすらず流水で流すことを意識する。

　緊急常備薬（ヒスタミンＨ１受容体拮抗薬、抗ヒスタミン薬、副腎皮質ステロイド剤など）を内服し、症状を観察するとよい。30分以内に症状の改善傾向がみられた場合には、経過観察とする。①皮膚症状や粘膜症状が拡大傾向にあるとき、②咳嗽（せき込み）や声が出にくい、息苦しさや喘鳴（ヒューヒュー）、傾眠（ウトウト）、意識障害、嘔吐・腹痛などの症状が出現したときはエピペンなどの使用を考慮し、救急車などを要請し医療機関の受診をただちに行う。

　食物によるアナフィラキシーショックの臨床的重症度を**図表11-2**に示す。食物によるアナフィラキシーショックへの基本的な対応策を**図表11-3**に示す。これらの対応は、基本原則であり、最小限の方法である。状況に合わせて現場で臨機応変

図表11-1　誤食時の対応

事例	対処法
アレルゲンを含む食品を口に入れたとき	・口から出し口をすすぐ ・大量に摂取したときには誤嚥に注意して吐かせる
皮膚についたとき	・洗い流す ・アレルゲンがついた手で目をこすらないようにする
眼症状（かゆみ、充血、球結膜浮腫）が出現したとき	・洗眼後、抗アレルギー薬、ステロイド剤点眼（処方されている場合）

↓

緊急常備薬（ヒスタミンH1受容体拮抗薬、抗ヒスタミン薬、副腎皮質ステロイド剤など）を内服し、症状観察

①皮膚・粘膜症状が拡大傾向にあるとき
②咳嗽、声が出にくい、呼吸困難、喘鳴、傾眠、意識障害、嘔吐・腹痛などの皮膚・粘膜以外の症状が出現したとき

→ アドレナリン自己注射器使用を考慮
→ 医療機関受診（救急車も考慮）

30分以内に症状の改善傾向がみられたとき
→ そのまま様子を観察する

あらかじめ保護者と園で預かる緊急常備薬やアドレナリン自己注射器（エピペン）を使うタイミングについてよく打ち合わせておく必要がある

に対応することが求められる。また、症状は一例をあげてあるため、その他の症状で判断に迷う場合は、中等症状以上の対応を行うとよい。アレルギー発作時の対応については、あらかじめ保護者と園で預かる緊急常備薬やエピペンを使うタイミングを念入りに打ち合わせておくことが重要である。また、全職員で緊急時の対処方法についても研修会を行うなど、認識を一致させておくことが求められる。

アレルギーをもつ子どもの園生活で注意が必要な点として、給食において完全除去が可能であったとしても、例えば小麦粉粘土を用いた遊びや牛乳パックを用いた遊びを提供する際には注意が必要である。

ネフローゼ症候群

腎臓の糸球体に何らかの異常が起こり、尿から大量のタンパクが排泄される疾患である。瞼や顔、手足のむくみや体重増加、尿量減少、食欲不振や嘔吐などの症状で発見されることが多い。

ネフローゼ症候群では、かぜなどの感染を契機に再発や再燃を繰り返す子どもがおり、保護者も日常生活の管理にストレスを感じていることが多い。治療でステロイドを用いることが多く、その副作用により免疫力が低下している子どもも多いた

図表11-2 食物によるアナフィラキシーの臨床的重症度

	Grade	1	2	3
皮膚症状	赤み・じんま疹	部分的、散在性	全身性	
	かゆみ	軽度のかゆみ	強いかゆみ	
粘膜症状	口唇、目、顔の腫れ	口唇、まぶたの腫れ	顔全体の腫れ	
	口、のどの違和感	口、のどのかゆみ、違和感	飲み込みづらい	のどや胸が強く締めつけられる、声枯れ
消化器症状	腹痛	弱い腹痛（がまんできる）	明らかな腹痛	強い腹痛（がまんできない）
	嘔気、嘔吐、下痢	単回の嘔吐、下痢	複数回の嘔吐、下痢	繰り返す嘔吐、下痢
呼吸器症状	鼻みず、鼻づまり	あり		
	せき	弱く連続しないせき	時々連続するせき、せき込み	強いせき込み、犬の遠吠え様のせき
	喘鳴、呼吸困難		聴診器で聞こえる弱い喘鳴	明らかな喘鳴、呼吸困難、チアノーゼ
全身症状	血圧低下			あり
	意識状態	やや元気がない	明らかに元気がない、横になりたがる	ぐったり、意識低下〜消失、失禁

図表11-3 食物によるアナフィラキシーへの対応

	Grade	1	2	3
対応	抗ヒスタミン剤	○	○	○
	ステロイド	△	△	△
	気管支拡張剤吸入	△	△	△
	エピペン	×	△	○
	医療機関受診	△	○（応じて救急車）	◎（救急車）

※ 上記対応は基本原則で最小限の方法である。状況に合わせて現場で臨機応変に対応することが求められる。
※ 症状は一例であり、その他の症状で判断に迷う場合は中等症以上の対応をおこなう。

め、感染症などへの配慮が必要である。特に保育所や幼稚園で特定の感染症が流行している場合の対処については事前に保護者と相談しておくことが必要である。ステロイドには、ムーンフェイス（満月様顔貌）や多毛などの副作用がみられ、それらを気にする子どももいるため、子どもの精神的な援助も必要である。ステロイドの副作用には、骨粗しょう症や成長障害などもある。骨密度が低下している子ども

Step1 レクチャー

もいるため、骨折などを起こさないように配慮することも必要である。

川崎病

わが国で初めて報告され、報告者の名前から川崎病と呼ばれている。原因は不明であり、4歳以下の乳幼児に好発する。全身の血管が炎症を起こし、5日以上続く高熱や眼球結膜の充血、唇の発赤、イチゴ舌、頸部リンパ節の腫脹などが現れる。回復期には手足の指先から皮がむけるという特徴がある。合併症として、心臓に血液を送り込んでいる冠状動脈に動脈瘤ができ、血栓ができると心筋梗塞を起こすことがあるため、罹患後は長期にわたって管理が必要な疾患である。

治療後の一定期間は、動脈瘤ができると血栓ができないように血を固まりづらくする抗血小板薬であるアスピリンを内服しながら登園してくることが多い。そのため、抗血小板薬の内服中は、けがに注意をする必要がある。万が一、けがをした場合には、止血に注意する。また、アスピリンの内服中はインフルエンザを予防することも肝要である（ライ症候群の発症の予防のため）。特に、頭蓋内出血などを予防するため、頭を強く打つなどということがないよう注意する必要がある。アスピリンの内服期間を保護者に確認し、保育所や幼稚園などで安全に過ごせるように見守りをしていく必要がある。

小児がん

医療技術の進歩により、小児がんの8割は長期生存が可能となり、近年では、小児がんを克服した後の2次がんの発生や、抗腫瘍薬や放射線治療による晩期障害が問題となっている。また、多くの小児がんで治癒できる可能性は高まっているものの、残念ながら予後不良のがんも存在する。わが子の小児がんを告知された保護者の精神的な負担は計り知れないものがある。保育者は保護者の不安を傾聴し、共感する姿勢で保護者と向き合うことが大切である。

また、小児がんの多くは長期入院や入退院を繰り返す、あるいは通院による治療が必要となる疾患である。保護者は病気となった子どもへ注意が向きやすいため、きょうだい児が我慢を強いられた生活を送っているケースも多い。きょうだい児が同じ園に入所している場合は、きょうだい児の心理面にも配慮すべきである。

入院中のクラスメイトとの関係性の継続が闘病意欲を高めたり、退院後の保育所や幼稚園生活に大きな影響を与えることがある。保護者も病気になった子どもも元の生活に戻れることを望み治療を受けていることが多い。入院中もクラスだよりを届けたり、可能な限り「クラスの一員」であることを意識できるようにかかわるこ

とが望まれる。

　退院後もしばらくは通院しながらの治療が継続されることも多いため、抗腫瘍薬を服用している場合には、食欲不振や感染予防、倦怠感(けんたいかん)などに留意をすることが大切である。

糖尿病

　糖尿病には、インスリン依存型であるⅠ型糖尿病とインスリン非依存型であるⅡ型糖尿病がある。小児においても最近では生活習慣の乱れからくるⅡ型糖尿病の増加が問題になっているが、乳幼児期の糖尿病はⅠ型糖尿病が圧倒的に多い。

　糖尿病の管理目標としては、「血糖コントロールを良好に保つこと」「重症低血糖や慢性合併症がないこと」「年齢相応の自己管理ができること」に加えて、正常な成長発達、正常な保育所生活や社会生活を送ることができることである。糖尿病であることでの生活の制限は、適切な対応策をとれば基本的にないものと考えてよい。対応策としては、運動量の多い行事の場合には、補食の量や回数を増やすなどの工夫をすることで参加が可能である。運動会の練習などで活動量が増えるときには保護者と連絡を密に図り、血糖値の測定や補食の方法などについてあらかじめ相談しておくとよい。また、年長児になると、自己注射の指導が行われることが多いため、子どもが清潔に安全に注射を打つことのできる場所を提供する必要もある。低血糖に備えて、必要時には、休み時間中や教室での保育中に補食をとることができるような環境づくりが必要である。

　子どもがかぜや胃腸炎などの疾患に罹患しているときには血糖が不安定になることが多いため、より低血糖症状などの観察が必要である。

医療的ケア児

　近年、医療技術の進歩や晩婚化などによるさまざまな社会背景のもと、2500ｇ未満で出生する低出生体重児は増加しており、NICU（新生児集中治療室）へ入院する子どもの数も必然的に増加している。また、疾患の重症度も上がる傾向がみられ、長期入院児も増加の一途をたどっている。そのようななか、"医療的ケア児"と呼ばれる「生活するなかで"医療的ケア"を必要とする子ども」が増加している。医療的ケアとは、痰の吸引や管を鼻腔(びくう)などから挿入して行う栄養法（経管栄養）などの医療行為のことをいう。医療的ケア児の重症度は歩ける状態の子どもから、人工呼吸器を装着し寝たきりの重症心身障害といわれる状態の子どもまで実にさまざまである。0歳から19歳までの医療的ケア児数は増加傾向にあり、平成27年度は１万

7000人以上いるといわれている。在宅で人工呼吸器を必要とする小児患者も急増しており、平成27年度は3000人以上いると算出されている。年齢別でみると0〜4歳群が最も多く、若年者ほど人工呼吸器を装着している患者数が多い現状がある。

　近年、インクルーシブ・インクルージョン（包括）保育の方向性に向かっている。インクルーシブ保育とは、一人ひとり違うのが当たり前であることを前提として、すべての子どもを包み込む保育システムのことであり、完全に保育を統一化し、障害や疾患の有無にかかわらず、同じ保育を行うことを意味している。2017（平成29）年度より、医療的ケア児への子育て支援の一環として、保育所等において医療的ケア児の受入れが可能となるよう体制を整備し、医療的ケア児の地域生活支援の向上を図ることを目的として「医療的ケア児保育支援モデル事業」が実施されている。①市町村にて看護師を雇用し、医療的ケア児を受け入れる保育所へ派遣する、②市町村が訪問看護ステーションと委託契約を交わし、訪問看護ステーションの看護師が、医療的ケア児を受け入れる保育所へ訪問する、③市町村が、看護師を配置している保育所に委託し、医療的ケア児を受け入れる、④看護師や訪問看護ステーションなどのバックアップを受けながら研修を修了した保育所の保育士が医療的ケアを行うなどの方法を実施している。

　今後もこの医療的ケア児は増え続けることが予想される。医療的ケアを受けながらも、その子らしく最大限に成長発達できるように支援していくことが望まれる。

図表11-4　特別支援学校および小中学校における医療的ケアが必要な幼児児童生徒数

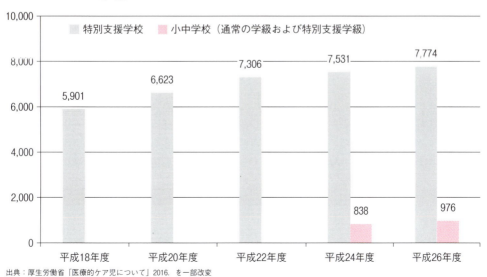

出典：厚生労働省「医療的ケア児について」2016. を一部改変

Step 2

> **演習** 食物アレルギーをもつ子どもの入園に際して、保育者はどのような準備が必要か考えてみよう

課題

① 入園前に保護者と面談で確認しておくべき内容について考える。
② アレルギー疾患をもつ子どもを受け入れるにあたって、保育所や幼稚園として準備しておく必要がある事柄について考える。
③ 下記の事例を読んで、それぞれ適切な対応策を具体的に考える。

進め方

（1）準備するもの

本講のStep 1に記載されている食物アレルギーの項目について事前学習をしておくこと。

（2）方法

それぞれの事例についてグループワークを行い、それぞれの対処法を考えてみる。

事例1

3歳のあやねちゃん。鶏卵アレルギーがあり卵を除去していたが、誤って友達のおやつの卵ボーロを口に入れてしまった。一粒を口に入れた瞬間を保育者が発見した。

対応策を考える。

事例2

5歳のけんとくん。鶏卵と小麦、そばアレルギーがある。給食の途中で気分不快と口唇の周りのかゆみを訴えている。会話をしていると、鼻汁が出はじめ、ゼイゼイという喘鳴が聞こえてきた。意識ははっきりしているが、ぐったりしていて顔色が悪いようである。教室には担任の先生1名しかいない。

対応策を考える。

解説

　事例1の場合は、誤ってアレルゲンを口に入れてしまっているので、すみやかに口の中から吐き出させ、うがいなどで口腔内を洗い流す。その後、すみやかに保護者へ連絡するとともに、経過を十分に観察し、記録に残す。口腔内の違和感や掻痒感の有無や口周囲の湿疹や発赤の有無、悪心や嘔吐、腹痛の有無、呼吸困難感、鼻汁の有無などを中心に観察を行う。アレルギー反応は、運動などにより誘発されたり、数時間経過した後に出現してくる症状もあるため、アレルゲンを摂取したことが確認された場合は、安静に過ごさせるようにする。

　事例2の場合は、アナフィラキシーショックを起こしていることが考えられる。この場合、保育者が1名しかいないため、子どものそばを離れずに大声でほかの保育士を呼び人員を確保することが最優先である。現時点では意識ははっきりしているとされているが、経過とともに意識レベルが下がってくることも予測される。意識レベルの低下がみられた際には、ほかの保育者を呼びながら、心拍や呼吸の有無を確認し、蘇生の手順にそって、気道確保を行う。現場には、ほかの子どもたちもすぐそばにいることが考えられる。体調不良を起こしている子どもを別の場所へ移動してもよいが、そのような猶予もないことが多い。ほかの子どもたちをすみやかにほかの場所へ移動させ、広い環境を確保する。

　意識レベルの低下がみられる場合は、すみやかに（エピペンの処方がある場合には）エピペン（**Step 3 参照**）や処方されている投与薬を投与し、救急搬送の手筈を整える。

Step3

1. アレルギー疾患をもつ子どもへの配慮・対応の実際

近年、アレルギー疾患を有する子どもの数は増加の一途をたどっており、園でも組織的な対応が求められている。保育所におけるアレルギー対応ガイドラインでは、「保育所と保護者、嘱託医等が共通理解の下に、一人ひとりの症状等を正しく把握し、アレルギー疾患の乳幼児に対する取り組みを進めるために（中略）「保育所におけるアレルギー疾患生活管理指導表」を参考様式として、提示」している。

また、生活管理指導表の活用については、アレルギー疾患をもつ子どもが保育所の生活において特別な配慮や管理が必要となった場合に限って作成するものとされている。

生活管理指導表の活用の流れを下記に示す。

---

① 入園時に面談などでアレルギー疾患をもつ子どもの把握を行う
② 保護者へ生活管理指導表の配布・記入を依頼する
③ 医師へ生活管理指導表の記入を依頼する
④ 保護者との面談を行う
　生活管理指導表を参考に保育所での生活や食事の具体的な取り組みについて、施設長や嘱託医、看護師、栄養士、調理師などと保護者が協議して対応を決める。
⑤ 保育所内職員による共通理解を行い、年に一度生活管理指導表の見直しを行う

いつどこで緊急事態が発生するかわからないため、常日ごろ、アレルギー疾患をもっている子どもへの対応として、緊急時個別対応票を参考に、保育所と保護者、医療機関との連絡体制を十分なものとする取り組みが必要である。また、定期的に面談やカンファレンスなどを行い、薬の保管場所から処置基準・方法など子どもにかかわる職員一人ひとりの理解が不可欠である。

2. 子どもたちへの教育的なかかわり

アレルギー疾患をもつ子どもへ「食べてもいいもの」「食べてはいけないもの」を教育すること、「なぜそれを食べるといけないのか」「食べるとどのような危険があるのか」など、理由についてもわかりやすく説明することが必要不可欠である。

周囲の子どもにも、アレルギー疾患をもつクラスメイトがなぜ皆と同じように食事をすることができないのか、十分に理解できるように説明を行うことが必要である。

そして、実際の食事場面においては、アレルギーのある子どもの食事を保育士が見守れるように子どもを配置する。また、誰が見てもアレルギー対応食と認識できるようにお盆の色を変えるなどの工夫や対策を講じる。実際に給食室でも厳重に確認はされていると考えられるが、食事を配膳する前に再度、アレルゲンが含まれていないかダブルチェックを行ってから配膳をすることを約束事とする。

子どもの育ちの観点から考えると、アレルギーのある子どもを必要以上に特別扱いすることは避けたいが、アナフィラキシーショックは命にかかわる症状のため最大限の配慮が必要である。

エピペンの取扱いについて

エピペンは、本人または保護者が注射すべきものであるが、保育所や幼稚園では低年齢の子どもが生活している以上、保育者が直接子どもに接種しなければならないような緊急事態が発生することも十分考えられる。アレルギー疾患をもつ子どもが入園してきた際には、保護者と子どもの主治医、園の嘱託医と連携を図り、いざというときのために対処方法や連絡方法など十分に話し合っておく必要がある。また、緊急事態はいつどのような場所で発生するか予測が立たないため、エピペンの保管場所や連絡方法などの重要項目については、職員全員で周知徹底しておくことが大切である。

エピペンの注射をすることは、法的には「医療行為」にあたり、反復継続する意図をもって「医療行為」を行うと医師法に違反することになるが、アナフィラキシーショックに陥ることを回避し、救命のために行った場合は違反にあたらないものと考えられる。

2011（平成23）年3月に厚生労働省は「保育所におけるアレルギー対応ガイドライン」を作成している。このガイドラインには、園・保護者・嘱託医の共通認識のもと、事前に緊急時個別対応票および生活管理指導表などを作成し、よく相談しておく必要があると書かれている。

アレルギー疾患をもつ子どもが入園した際には、アレルギーの対応方法などの研修を受けて、いざというときのために備えておく必要がある。

参考文献

- 中野綾美『ナーシング・グラフィカ 小児看護学① 小児の発達と看護』メディカ出版，2015．
- 鈴木美枝子編著『これだけはおさえたい！保育者のための子どもの保健Ⅰ』創成社，2011．
- 巷野悟郎『最新 保育保健の基礎知識 第8版』日本小児医事出版社，2013．
- 白野幸子『子どもの保健Ⅱ演習』医歯薬出版，2017．
- 岸井勇雄・無藤隆・柴崎正行監『保育・教育ネオシリーズ21 子どもの保健——理論と実際』同文書院，2011．
- 竹内義博・大矢紀昭編『よくわかる子どもの保健 第3版』ミネルヴァ書房，2015．
- 遠藤郁夫・曽根眞理枝・三宅捷太編『子どもの保健Ⅰ——子どもの健康と安全を守るために』学建書院，2016．
- 平成29年度医療的ケア児等の地域支援体制構築に係る担当者合同会議「医療的ケア児に対する子育て支援について」厚生労働省子ども家庭局保育課・母子保健課，2017（平成29）年10月16日

COLUMN 慢性疾患をもつ子どもと家族の生活

　Dちゃんは、ネフローゼ症候群の女の子です。風邪をひいてしまうと再発することが多かったので、お母さんはとても神経質になり、いつもDちゃんにマスクを着用させ、園庭ではなく室内で遊ばせ、風邪のお友達がいると保育所を休ませました。
　ある日「どうして私だけいつもマスクで、みんなと一緒にできないの？　お顔が丸いって言われるし、お薬飲まない！」と泣きながら訴えました。
　慢性疾患の子どもたちは長期にわたり、内服や生活上の制限からストレスを感じていることも多く、自己肯定感も低下しやすいといわれています。
　保育士が母親に相談すると、「無理をさせすぎていたのかな。これでは風邪は予防できても、あの子の心がダメになってしまう。医師とも相談してみます」と言いました。
　園では、手洗いとうがいをクラス全員で取り組むことにしました。可能な範囲でDちゃんもほかの子どもと同じ活動に参加することにしました。また、病気をもっていてもかけがえのない大切なDちゃんであること、お薬は病気を治すために必要な薬であることをクラスメイトに伝えました。クラスで「反対の立場で、自分が嫌なことを言われたらどう思うか」など、お友達との関係について話し合う機会も設けました。Dちゃんとお母さんの表情も徐々に明るくなっていきました。

（伊藤奈津子）

第12講

障害のある子どもへの適切な対応

本講では、障害のある子どもの特性を理解し、どのようなかかわりが子どものもっている力を引き出し、あるいは外への興味(きょうみ)を引き出すのか検討する。

まず、障害のとらえ方、それぞれの障害の特性について学び、次に発達障害のある子どもと家族へのかかわりについて演習する。また、障害理解の方法や障害のある子どもたちの保育の重要性や保育士の役割を考える。

Step 1

1. 障害とは何か

障害の定義

障害とは、「何らかの機能障害ないしは能力障害があって、それが生活や学習のうえで差し障りになっている状態」[*1]をいう。

生活や学習のうえで差し障りになっている状態とは、例えば先天的な病気によって歩行が困難になり、保育所や学校で友だちと遊ぶことができない、あるいは興味の対象に強い偏りがあり、ほかの子どもと一緒に学習することが困難であるというようなことである。

障害のとらえ方の変化

1980年に国際障害分類ICIDH（International Classification of Impairments, Disabilities and Handicaps：機能障害・能力障害・社会的不利の国際分類）によって、「疾患・変調」（病気やけが）が「機能・形態障害」を起こし、そのことから「能力障害」（何かができない）という状況が生じ、社会的不利に結びつく、あるいは、「機能・形態障害」が社会的不利に直接結びつくという状況全体が「障害」であるという考え方が示された。

その後、ICF（International Classification of Functioning, Disability and Health：国際生活機能分類）が2001年WHO（世界保健機関）の総会で採択された。ICIDHの考え方をもとに、「心身機能・構造」「活動」「参加」の3つを含む包括概念を「生活機能」ととらえ、環境を整備し、障害のある人の周囲にいる人々や専門家が障害当事者と協働することで、心身機能・構造の障害があっても社会参加ができるような支援の道筋が明確になった。例えば、重い運動障害があっても、車いすに乗り、介助者がいて、車いすで移動できる場所や交通手段があれば、仕事やボランティアなどの社会活動ができる。

障害者の社会活動を可能とする社会の活動を理念として支えているのは、障害のある人たちが特別に区別（差別）されることなく社会のなかで生きていくことができるのが本来の望ましい姿であるとするノーマライゼーション（Normalization）という考え方である。

[*1] 石部元雄・伊藤隆二ほか『心身障害辞典』福村出版, 1981.

2. 機能・形態の障害の原因となる主な病気

脳性まひ

胎児のときの脳の形成過程に発生する脳奇形などの異常や脳損傷の後遺症などさまざまな原因によって起こる非進行性の脳病変による運動および姿勢の異常である。手足の曲げ伸ばしが著しく困難になる痙直型というタイプ、手足や頭などが自分の意思と関係なく動いてしまう（不随意運動）アテトーゼ型（不随意運動型）というタイプがある。両者とも機能訓練によって、運動障害の状態は改善する。しかし、加齢とともに常に負担がかかっている筋肉や腱（けん）が故障を起こしたり、成長によって変化する体の要求（例えば酸素必要量の増加など）に内臓の機能が応えられないために、脊柱（せきちゅう）や胸郭（きょうかく）の変形、内臓機能の異常が起きてくる。健康状態が変化しやすくなり、いったん改善した運動障害も徐々に悪化する。

筋ジストロフィー

筋肉が破壊され、筋力が徐々に低下していく進行性の病気である。運動に困難をきたすだけでなく、長期的には呼吸筋の筋力低下によって呼吸困難になっていく。4つの型があり、いずれも遺伝子の異常によって起こる遺伝性の病気である。「遺伝する病気」は親子や家族の関係にも影響する。

3. 発達障害

発達障害は、脳機能の障害によって起こる生まれつきの障害である。主に社会性の発達、コミュニケーション能力に障害があり、日常生活のさまざまな側面、例えば他者とのつきあい、学習、仕事に支障をきたす。強いこだわりや多動など他者には理解しにくい行動がみられたり、「自分勝手な人」と誤解されたりすることがある。障害の状態は、生活環境や年齢（発達段階）、経験によって大きな差がある。以下に主な発達障害について説明する。この説明は、2013年に改訂されたDSM-5（アメリカ精神医学会の診断と統計のマニュアル 第5版）の和訳に基づいている。

知的能力障害

「知的機能のいくつかの領域が期待される発達のレベルに達していない状態」を指す。例えば言葉の理解が弱く、他者との会話が難しい。文字の読み書きが苦手な

ため、学習についていけない。体験したことをもとにして、同じことが起こったときに見通しをもって行動することができないため、危険回避行動が学習できない。生活上のあらゆる場面で支障をきたしやすい。しかし、理解力が未熟でも生活経験によってできることが増える。そのため、重症度のレベルはIQ値ではなく適応機能に基づいて定義される。

自閉症スペクトラム

①他者とかかわったり感情を共有するというような対人関係・社会性の障害があり、②その場にふさわしいコミュニケーションをとることや非言語的コミュニケーションが難しいために、遊びや学習の場面で他者との交流が難しい子どもである。また、③興味や関心が極端に限定的で偏りやこだわりがあり、パターン化した行動がみられることも特徴である。しかし、記憶する力に優れているという側面もある。障害の特徴は歴年齢や発達段階、重症度によって大きく変化するため、スペクトラム（関連のあるものの連続体）というとらえ方をしている。

注意欠陥・多動性障害

機能または発達を妨げるほどの不注意や多動性や衝動性がある。例えば、気が散りやすく落ち着きがない、好きでないことには集中しにくく、がまんすることが苦手なため、わがままと受けとられることがある。理解ができないとか、反抗しているわけではなく、「静かにすべきところで走り回る」「そわそわした様子をみせる」「過剰なおしゃべりをする」「自分の手や物をトントンたたく」など、その場にそぐわない行動をとる。また、事前の見通しをもって行動できないため、急に道路に飛び出すなど、子どもが突然予期しない行動をとり、その行動の意味が他者には理解しがたい。周囲から落ち着きのない子どもとみられる。

発達性協調運動障害

座る、這う、立つなどの運動の発達がゆっくりで、階段を上る、ペダルをこぐ、シャツのボタンをかけるというようないくつかの運動を組み合わせたり、細かな作業をすることが苦手である。見た目には動作がぎこちなく、遅く、正確にできず、客観的には不器用にみえる。保育所などでは、折り紙をする、ボール投げをするなど、他児と一緒にすることが難しい活動がある。

発達障害のある子どもたちのとらえ方

　発達障害のある子どもたちは、集団生活のなかで、「困った子」と受け取られることがある。「困った子」とは、ほかの子どもたちとはちょっと違った対応を必要とする子どもたちである。子どもたちは、周囲の誤解に傷つき自信を失う経験が重なるために、よりいっそう混乱しパニックを起こしやすくなっていく。子どもたちが自分の力を無理なく発揮して、仲間とともに生き生きと成長発達していくために特別な手助けや訓練が必要である。また、家族も周囲からの厳しい視線にさらされ続けて傷つき自信を失っている。家族にも適切な支えが必要である。

手助けや訓練の方法

（1）SST（Social Skills Training）

　「社会生活技能訓練」「社会的スキル訓練」などと呼ばれる。認知行動療法の1つである。他者の気持ちを理解したり共感することが苦手であったり、その場に適応して行動することが難しいために誤解されやすい子どもたちに対して、自己対処能力を高めるための訓練方法である。場面を設定し、そのときその場にふさわしい行動を示し、練習する。対応が成功すると、子どもが自分に自信をもてるようになる。

（2）SI（Sensory Integration）

　感覚統合と呼ばれる訓練法である。他者とかかわることが苦手な子どもたちのなかには、聴覚、嗅覚、触覚などの感覚が著しく過敏または鈍感であるという特性をもつ子どもがいる。例えば、私たちが感じない音やにおいが耐えられないため保育室に居られない、他者に触れられるのが極端に苦痛なため、他児を寄せつけないことがある。また、乱暴にみえる行動をする子どものなかには、強い刺激でないと刺激を受けたことが感じられないという特性をもつ子どもがいる。感覚統合は、そのような個々の特性を探り出し、受け入れる刺激の大きさを程よいものにし、ふさわしい大きさで外に出せるようにする訓練である。例えば、保育所のなかでむやみに動き回り、大声を出し、ほかの子を突き飛ばしてしまう子どもがいた場合、子どもは強い刺激がないと頭がすっきりしない状態なのかもしれない。強い刺激があることによって、子ども自身が気持ちを安定させられることも考えられる。そのため、全身を動かして遊ぶ時間を十分とった後、力の入れ加減を調整する遊び（おはじきなど）や箱の中に入れた物を当てるなど識別感覚を養う遊びなどで、力の強弱や力をタイミングよく使う練習をする。このような遊びを通して、子どもは自分を落ち着かせたり、力加減を学習することができる。

Step 2

> **演習** 発達障害のある子どもを理解し、実際の保育を考えてみよう

課題

① 発達障害のある子どもの特性について、事例1～4を用いて分析する。
② 分析後、子どもや家族にどのようなかかわり方が必要か検討する。
③ グループワークで学んだことを整理し、障害を理解する糸口をつかむ。

進め方

（1）授業前の準備

　各自、発達障害のある子どもについて書かれている書籍やビデオなどを探し、読む（または見る）。自分の読んだ書籍や見たビデオの内容をメモしておく。

（2）グループワークの準備

① 5～6人で1グループを作る。「グループワークを効果的にする方法」（**142ページ参照**）を皆で一読し、グループワークの環境を整える。
② メモ用紙、筆記用具、付箋、模造紙、各自が調べたことのメモを準備する。

（3）方法

① 発達障害のある子どもの特性を理解する。持参した資料を参考に、子どもの特性について**図表12-1**を参考に話し合う。子どもの気持ちや興味を考えながら、個人が考えたことを付箋に書き入れる（1事例ずつ検討すること）。
② 自分の書いたことを説明しながら付箋を模造紙に貼る。もし不明点があればメンバーは質問する。できるだけ具体的に皆が理解できるような言葉にする。
③ ②の付箋を整理分類し、共通する意見や考えを1つの島として線で囲み、その島に見出しを付ける。
④ ③をもとに発達障害のある子どもと家族に必要な保育や援助（指示されている）を検討し、模造紙に書き入れる。
⑤ ほぼ出来上がったら、担当を決めてほかのグループの意見を聴きに行く。1人はその場に残り、ほかのグループに自分たちのグループの考えたことを伝える。
⑥ 自分のグループに戻り、ほかのグループから得た意見や情報を基にさらに模造紙に検討した保育や援助を書き込み、グループワーク報告書を完成させる。
⑦ 個人ワークとして、グループワークで自分が学んだことをレポートする。

Step1　**Step2 プラクティス**　Step3

　1つの場面からいろいろな見方や考え方が出てくる。正解はない。他者の見方や考え方を知ることで自分の考えを深め、自分とは異なる価値や考えを受け入れる練習をする。また、グループワークのなかで、自分の意見が受け入れられていないと感じるときの「悔しい」「悲しい」気持ちや、受け入れられたと感じた時の喜びや安堵感は、言動が他者に理解されにくい障害のある子どもたちの気持ちに近いはずである。自分の気持ちも感じながらグループワークに取り組もう。

事例1

　A君は3歳で、保育所に入園したばかりだった。今日、活動中に窓のそばから動かなくなった。名前を呼んでも返事をせず、聞こえていないような様子だった。ふだんも名前を呼んだときに返事をするときとしないときがある。B保育士は、A君がなぜ動かなくなったのかわからず、しばらく観察していた。A君は、揺れているカーテンをじっと見ている。ときどき、カーテンの影も気になる様子で、床を触っている。
　自分が呼ばれていることにA君が気づくためには、B保育士はどのように行動したらよいのか考えた。

事例2

　Cちゃんは3歳のとき保育所に入園し、現在4歳である。はじめはほかの友だちのところに行くことができず、ずっと離れたところにいたが、今は仲のよい友だちもでき、一緒に遊ぶことができるようになった。今日は部屋で粘土をすることになり、D保育士は子どもたちにスモックを着るようにいった。この園では、子どもたちが衣服の着脱の練習ができるように、4歳以上の子どもたちのスモックは前開きでボタンがついている。Cちゃんはなかなかボタンが留められず、みんなのところに行くことができないでいた。そこで、お友だちのEちゃんが、Cちゃんのスモックのボタンを留めてあげた。するとCちゃんが急に真っ赤な顔をしてイヤイヤするように手を振り回し、泣きわめき始めた。
　Cちゃんはなぜ泣き出したのか、そして、どうしたらCちゃんが落ち着いて友だちのところに行くことができるのか、D保育士は考えた。

事例3

　F君は5歳になった。いつも元気いっぱい保育所に通っている。今日は部屋で折り紙をしていたが、突然部屋を出て園庭に飛び出し、砂場で遊んでいた3歳児クラスの子がもっていたおもちゃのスコップを取り上げて泣かせてしまった。次に順番を待たずにブランコに乗っ

てしまい、そこにいた子どもたちは別の遊具へと移動してしまった。
　G保育士は、F君が部屋を飛び出したのはなぜか、ほかの子のスコップを取り上げたり、ブランコの順番を守ることができないのはなぜか、F君が折り紙など、ほかの友だちと一緒に行動できるようにするためにはどうしたらよいかと考えた。

事例4

　H君（3歳）は保育所に入園したばかりで、言葉がなかなか出ないことをお母さんはとても気にしていた。家では、お母さんが話していることは理解できているようであるが、いつもと順番が違ったりすると、かんしゃくを起こして手がつけられなくなることがあったとのこと。入園後、ほかの子どもたちと一緒に行動できなかったり、友だちが嫌がることをしてしまうこともあった。保育所ではH君の対応について会議を開き、H君が言葉の遅れ以外にも問題があると思われるので専門医への受診を勧めることになった。
　I保育士は、H君にはどんな特性がありそうか、受診を勧めるために、お母さんに伝える情報やお母さんから聞く必要のある情報は何か、お母さんが安心できるために、どのように受診を勧めるとよいのか、専門家への相談によって期待されることは何か考えた。

〈参考〉グループワークを効果的にする方法

グループワークを効果的にする方法
【話し合いの準備】 ・話し合いの環境・・・お互いの顔が見える位置に座る　距離が離れすぎない ・司会、書記を決める ・課題を確認し（今から何をするのか）、タイムスケジュールを設定する 【自分の意見や意思を伝え、他者の意見を聞く方法】 ・自分の言葉でわかりやすく話す　話した後わからないことはないか確認する ・ほかの人の意見と同じ意見であっても、必ずそれを自分の言葉で同じだと伝える ・自分の考えとは異なる意見でも否定しない　自分はこう考えると伝える ・相手に無理な意見を求める（じゃあどうすればいいの？）のではなく、建設的な意見（こうすればいいかもしれない）として発言することを心がける ・相手の意見を確かに聴いているということを表現する（うなずくなど） ・わからないことは質問する　ああ、そうなんだ、ふーんで終わらせない ・ほかの人が話しているときに遮らない ・相手が何を話そうとしているのか、相手の立場に立って最後まで聞く 【自分の傾向を考えて行動する】 ・人前で話すのが苦手な人は、そのとき感じたことだけでも言葉に出す努力をする（メモを取ると話しやすい）

- ゆっくり考える人は、意見を聞かれたら少し待ってほしいと伝える
- ふだんから意見をたくさんいう人は、ほかの人の意見を聞いてから話す

【司会者は・・・】
- 話したそうにしている人に話すよう勧める
- 特定の人だけで話し合われていないか、一度も発言していない人はいないか確認する
- 意見を言わない人に他者の意見についてどう考えるのか聞く
- ときどき軌道修正する（話が脱線していないか、今話し合っていることは何か）
- 相手が話し出すのを待つ
- 早くまとめようとしない
- 時間はないが、もう少し意見交換が必要ならば、課題として残す

【グループメンバーは・・・】
- 他者の意見を聞き、自分はそのことに関してどう考えるのかメモを取り発言する
- 進行に協力する
- 自分の中にもやもやした感じはないか、言い足りないと感じていることはないか確認する

図表12-1　グループワーク報告書

事　例	(A)子どもの様子から推測される子どもの気持ちや特性	(B)必要な保育や援助
事例1		
事例2		
事例3		
事例4		

＊事例検討のヒント

保育者がとまどう子どもの様子	推測される子どもの気持ちや特性
何が見えているの？	関心のあるものしか見えていない
私の声が聞こえているの？	関心をこちらに向けないと聞こえない
なぜじっとしていられないの？ なぜお部屋を飛び出すの？	動いていないと眠くなる 何か嫌な刺激（音や光など）がある
なぜ怒っているの？ 何がしたいの？	夢中になっていたことを途中でやめさせられた したいと思っていたことを取り上げられた

(C)4つの事例で子どもの特性を考慮した共通するかかわり方について考えたこと

Step3

1. 発達障害のある子どもたちの手助けの方法
——TEACCH プログラム

　発達障害のある子どもたちは聞いて理解するという力が弱く、視覚情報は受け取りやすいという特性をもつ。また、枠が決まっている、見やすく整理されている状況であれば行動しやすいという特性もある。これは、多様な情報処理が苦手なため、子どもが一度に処理できる範囲に情報を整理すると受け入れやすいからである。そのため、SST や SI と同じように、TEACCH（Treatment and Education of Autistic and related Communication-handicapped Children）という療育プログラムがある。これは、「発達障害の人は発達が遅れていたり劣っているわけではなく、通常発達の人とは違う不均衡な発達をしている」という考え方から出発している。つまり、1人の人のなかに得意と苦手が極端に混在するというような意味である。TEACCH プログラムは、発達障害のある子どもたちのために、絵カードや文字カードを使って、今後の予定を具体的に示し、そのカードにそって行動化しやすい状況を作る。パターン化した行動は習慣として身につきやすい。

　例えば、日々繰り返し単純で明快な目標と期待される行動を示し、練習していくとお母さんのお手伝いができるようになる。保育室の床に線で枠が示されていて、友だちと自分の位置関係がわかると並ぶ、順番を待つことができる。物入れを色別にすることで片づけができる。

2. 医療的ケアが必要な子どもたちの保育
——保育の可能性を考える

　医療の進歩によって重い障害のある子どもたちが救命され、自宅や施設で生活している。その成長発達の様子は、健康な子どもたちとは異なる。しかし、子どもたちの反応を読み取り、感じていることを推測してよりよい環境や刺激を提供することで、子どもたちの成長発達が促進される。子どもたちに近づき、反応を読み取り、新たな反応を引き出す方法と保育の可能性について以下の事例から考えてみる。

> **事例5**
> 　Jちゃんは5歳の女の子である。重い障害があり、寝たきりである。夜間のみ酸素供給機を使用し、口腔内の吸引が必要なときもあるが、健康状態はほぼ安定している。自分では体の位置を変えることができない。手は自分でひじを曲げて胸のあたりまでゆっくり動かすこ

とができる。うれしいときは笑顔になり、オルゴールや鈴の音に反応している。ほかの子どもたちの声に反応して「キャッ、キャッ」と声を上げることもある。ことばは話せず、目は見えない。在宅で生活していたときは、生活リズムがついており、就寝時刻は21時、起床時刻は6時で、排便がほぼ毎朝みられていた。食事はペースト食を3回、おやつを2回、お母さんの介助で食べていた。

お母さんが病気で入院することになり、Jちゃんは施設に2か月ほど入所することになった。入所直後、Jちゃんは表情がかたく、慣れない生活に緊張している様子で、夜の眠りが浅く、日中は笑顔がなくなってしまった。

K保育士は、Jちゃんの笑顔を引き出したいと考えた。そこで、Jちゃんの手首に鈴をつけたリストバンドをし、歌いながらJちゃんの腕をそっと触って、鈴が鳴るようにした。Jちゃんはとてもうれしそうな表情をし、何回か繰り返すと自分で腕を振って鈴を鳴らすことができるようになった。

次にK保育士は、かかわるときにゆっくりJちゃんの名前を呼び、返事をうながすようにした。Jちゃんは名前を呼ばれるとうれしそうに手を振って鈴を鳴らすようになった。このかかわりをJちゃんの生活のなかに取り入れ、午前中はほかの子どもたちと一緒に活動に参加し、名前を呼ばれると返事をすることができるようになった。表情も豊かになり、知っているスタッフがそばに来るとJちゃんは鈴を鳴らしたり、子どもたちが笑うと、一緒に声を出して笑っている様子が見られるようになった。

K保育士は、Jちゃんが音に対してどのような場面で反応するのか、Jちゃんの認知機能はどのような段階なのか、腕はどのくらい動くのか、家族からの情報や自分の観察結果から評価し、Jちゃんが環境になじみ、集団のなかに入ることができるように工夫している。

保育とは、子どもがもつ可能性を引き出し育てる営みである。重い障害のある子どもたちの保育を考えていくために、さまざまな場面で障害のある子どもたちとかかわる経験をすることは、保育の可能性を広げることにつながるだろう。

参考文献

- 石部元雄・伊藤隆二ほか『心身障害辞典』福村出版，1981.
- 上田敏『ICFの理解と活用』きょうされん，2005.
- 日本発達障害連盟編『発達障害白書 2018年版』明石書店，2017.
- American Psychiatric Association編著，日本精神神経学会・日本語版監『DSM-5精神障害の診断と統計マニュアル』医学書院，2014.
- A. Jean Ayres，佐藤剛監訳『子どもの発達と感覚統合』協同医書出版，1982.
- 佐藤和美・豊島真弓『感覚統合の視点1 子どもの苦手をおぎなう支援』かもがわ出版，2013.
- 相川充・猪刈恵美子『イラスト版 子どものソーシャルスキル』合同出版，2011.
- 佐々木正美『自閉症児のためのTEACCHハンドブック』学研プラス，2008.
- 佐々木正美『自閉症児のための絵で見る構造化』学研プラス，2004.

COLUMN　発達障害のある子どもたちの理解を助ける資料

（1）発達障害のある子どもが周囲の情報をどう処理しているか理解するための本

> ○ドナ・ウィリアムズ，河野万里子訳『自閉症だったわたしへ』新潮文庫，2000.
> ○東田直樹『自閉症の僕が跳びはねる理由――会話のできない中学生がつづる内なる心』エスコアール，2007.

（2）障害を理解するための本

> ○座間キャラバン隊『障害がある子って，どんな気持ち？――見て，聞いて，体験して，知ろう！』ぶどう社，2009.

（3）発達障害のある子どもとのかかわり方を知るための本

> ○杉山登志郎・辻井正次監『発達障害のある子どもができることを伸ばす！幼児編』日東書院本社，2011.
> ○佐藤和美・豊島真弓『感覚統合の視点1 子どもの苦手をおぎなう支援』かもがわ出版，2013.

（4）発達障害を理解するための参考ビデオ

> ○原仁・湯汲英史監『発達障害の理解と支援――わかり合うって，素敵だね！』日本発達障害福祉連盟，2013.
> ○橋本創一・細川かおり監『ちゃんと人とつきあいたい！ 第1巻：子ども期，第2巻：青年・成人期』日本発達障害福祉連盟，2013.
> ○梅永雄二監『自閉症スペクトラムの教育支援・就労支援 第1巻，第2巻』日本発達障害福祉連盟，2013.
> ○玉井邦夫監『発達障害と虐待 第1巻，第2巻』日本発達障害福祉連盟，2013.
> ○『ぼくはうみがみたくなりました』「ぼくはうみがみたくなりました」制作実行委員会，2009.

（橋本佳美）

第13講

職員間の連携・協働と組織的取り組み

保育所で子どもの「健康と安全」を脅かす問題が発生した、もしくは危惧を抱いたら、保育士一人でかかえ込まず、必要な情報を収集し、保育所内で情報を共有し、協議検討して対応する。そして、保育所だけで解決しようとせず、市町村の関連部署、要保護児童対策地域協議会、保健センターや保健所、児童相談所や医療機関などと連携、協働し役割分担を決め、多機関・多職種連携チーム（MDT：Multidisciplinary Team）として対応することが求められる。

Step 1

1. 一人で解決しようとしない・保育所だけで解決しようとしない

　保育所における子どもと職員の「健康と安全」に関する適切な実施体制を確立するためには、全体的な計画に基づいた保健計画、食育計画を策定し、年間を通じて計画的に実践しなければならない。保育所における、子どもの「健康と安全」に関する第一義的責任は施設長にあるが、計画的に実践するためには施設長以下、職員全員の連携、協働が必須である。

　子どもの「健康と安全」に関連し、何らかの危惧を抱いたり、問題が発生したとき、職員が一人でかかえ込んで悩んだり、解決しようとしないこと、そして保育所だけで解決しようとしないことが大切である。市町村の保育担当部署はもとより、要保護児童対策地域協議会（**Step 3 参照**）、保健センターや保健所、医療機関、療育機関、児童相談所など、地域のなかには多くの子どもに関係する機関と人がおり、それらとの連絡調整や協力体制の構築が欠かせない。そして、それら関係機関と人による、子どもを守る地域ネットワークが構築されていることが望まれる。

2. 連携・協働・ネットワーク

　「健康と安全」を脅かす問題のなかには、一保育士、保育所だけで対応することは困難なことがある。近年大きな社会問題となっている子ども虐待対応を例にとって考えてみる。子ども虐待対応は要保護児童対策地域協議会、児童相談所、保健センターや保健所、保育所・幼稚園、学校、医療機関や警察などが連携、協働し、それぞれの役割分担を決めて多機関・多職種連携チーム（MDT）として対応することが求められる。多くの地域で子ども虐待防止マニュアルがつくられているが、マニュアルをつくって、子どもと家庭を中心におき、関係機関を周囲に配置し線で結んでも連携、協働はできない。保育士は、それぞれの機関と人の機能と役割を理解し、日常から顔と顔の見える関係を構築しておくことが期待される。

3. 保育にかかわる専門職

　保育所には、保育士以外にも多くの専門職がかかわっている。

嘱託医

　保育所の健康診断と事後措置、子どもの成長・発達状態の評価、健康相談／感染症や慢性疾患の管理、対応／発達障害児、子どものこころの問題への対応／職員および保護者への健康教育／疾病、けがや事故、災害時の緊急対策など、嘱託医に期待される役割は多岐にわたる。また、年間の保健計画作成の企画にも参加が要請され、日常的に緊密な連携がとれるように心がける。

看護師

　すべての保育所に看護師は配置されてはいない。子どもや職員の健康管理および保健計画などの策定と保育における保健学的評価、助言、指導など、看護師の役割は子どもの日常的な健康管理、健康問題への判断、対応など専門性を活かした相談役や、保護者支援と教育的かかわりなど多岐にわたる。

栄養士

　食育の計画、実践と評価／授乳、離乳食を含めた食事、間食の提供と栄養管理／子どもの栄養状態、食生活の評価／保護者からの栄養・食生活に関する相談と助言／病児、病後児保育、障害のある子ども、食物アレルギーの子どもの食事の提供および食生活に関する指導と相談など、多岐にわたる。

4. 家庭との連携

　健康で安全な子どもの生活を確立するためには、保育所と保護者、家庭との連携、協働が不可欠であり、送り迎えのとき、園内の掲示、連絡ノート、保護者懇談会、保育参観や園だよりなどを通して、常に密接で良好な関係を構築することが望まれる。

家庭からの情報収集と保育所からの情報提供および説明

　子どもの家庭での生活の様子、健康状態、予防接種歴、これまでにかかったことのある病気や事故などの情報は、入所時だけでなく保護者との常日ごろのやりとりのなかで収集することが必要である。

　また、子どもの「健康と安全」「食生活や食育に関する活動」について、積極的に保育所から家庭に情報提供する。特に季節ごとの病気や事故に関する情報、季節

に応じた食事、献立や、感染症の発生状況とその予防対策などについて、家庭に適宜伝える。保育所の子どもの健康と安全に関する基本的な取り組みの方針などについては、入所時に説明する。

家庭との連携が難しい場合

　なかなか連絡が取れない、話をしようとしても取りつくしまがないなど気になる保護者や家庭に対しては、担当保育士一人で対応するのではなく、保育所内で検討し、役割分担を決めて対応することが基本である。担当保育士は、母親と話ができる良好な関係づくりに努める。適切な対応、対策を立てるためには、家庭に関する多くの情報を集めることが必要である。しかし、保育所だけで、保護者とのやりとりのなかから家庭に関する情報を収集することは困難である。乳幼児期の家庭の情報を最も把握しているのは、保健センター、保健所である。また、要保護児童対策地域協議会が機能していれば、その地域ネットワークを通して多くの情報を得ることができる。そのうえで、さまざまな機関と人が役割分担をして対応するべきである。入手した情報の守秘義務の遵守には、十分な配慮が求められる。

5. 専門機関・地域との連携

医療との連携

　子どもも、かかりつけ医師、かかりつけ歯科医師とかかりつけ薬局をもつべきである。かかりつけ薬局では複数の医療機関や、小児科、耳鼻科、皮膚科といった複数の診療科での薬の重複などをチェックすることができる。
　医療機関には、地域のクリニックや中核医療機関、専門医療機関および療育機関などがある。専門医療機関からは、医療的ケア、食物アレルギーや熱性けいれんといった疾病、保育現場で必要となる子どもの健康や安全に関する情報や技術の提供を、保護者を介して入手することができる。

医療ソーシャルワーカー

　医療ソーシャルワーカー（MSW）は保健医療機関において、社会福祉の立場から患者とその家族のかかえる経済的、心理的、社会的問題の解決、調整を援助し、社会復帰の促進を図る業務を行う。
　MSWは院内の医師、看護師やほかの医療専門職の連携の要になるだけでなく、

地域との連携の窓口の役割も担う。

母子保健・福祉サービスとの連携

　わが国には優れた母子保健システムが構築されている。また、2016（平成28）年の児童福祉法と母子保健法の改正で、子育て世代包括支援センターを整備し保健師等を配置し、妊娠期から子育て期にわたる切れ目ない支援体制を構築することが掲げられている。母子保健の実践機関は保健センター・保健所で、中心となるのは保健師である。全国の市町村で、3～4か月児、1歳6か月児および3歳児を対象として健康診査が実施されている。そしてこれらの健診を未受診の家庭にハイリスク児が多いことから、訪問などによる未受診児の状況確認を行っている地域が多い。また、エジンバラ産後うつ病自己評価票による産後うつ病のスクリーニングが行われるようになり、乳児家庭全戸訪問事業（こんにちは赤ちゃん事業）が全国的に実施されている。これら保健・福祉事業を通して、保健センター、保健所は乳幼児期の子どもと家庭に関する情報を最も多くもっている機関である。これらの健診や保健活動と保育所における健康診断を関連させ、子どもの状態をより正確に把握することが求められる。母子健康手帳にはさまざまな情報が記載されており、保護者の了解を得て活用することができる。

地域における食育の取り組み

　地域における食育は、保健センター・保健所、医療機関、保育所、学校、地域の食品にかかわる産業や商店の人たちによってさまざまな取り組みが行われている。保育所における食育の推進には、保育士、栄養士、調理員、看護師など全職員がそれぞれの専門性を活かしながら、これら地域の食育活動にかかわっている人たちと、さらには家庭、地域住民との連携、協力のうえで、地産地消を推進するなど、発展させていくべきである。

Step 2

演習　事例を通して連携、協働、ネットワークを考える

課題

　保育所で虐待を疑ったとき、保育所内でどのように対処するか、どのような情報が必要か、またそれぞれの地域で必要な情報をどのように取得できるのか、さらに、地域のなかで保育所はどのような役割を果たすのかを具体的に検討する。

> **事例**
> 　Ａちゃん。3歳6か月の女児。最近、Ａちゃんの元気がないことが気がかりだった担当保育士は、ある日Ａちゃんのおしりに手のひらでたたかれたようなあざを見つけた。母親は机の角でぶつけたと話す。母親は最近再婚したらしいとほかの保護者から聞いている。

保育所内での初期対応

　担当保育士は一人でかかえ込まず、同じクラス担当の保育士や主任保育士など、複数の目で観察する。施設長に報告して保育所内で検討し、子ども担当、保護者担当という役割分担を決め、子どもと保護者に対してどのように対応するかを保育所内ですべての職員が共有しておく。

記録をとる

　「虐待かな」と疑ったときから記録をとる。傷やあざ、子どもの様子や子どもの言動と保護者とのやりとりなど、虐待が疑われたときの状況をしっかり記録する。外傷がある場合、傷の場所と大きさ、傷の程度、色などを図に書いておく。必ず日付と時間を入れておく。

子どもへの対応

　子どもから保育士に虐待の事実を訴えることはまれである。まずは子どもに安心感を与えることが大切である。子どもからの聞き取りは、ほかの子どもたちに聞かれることのない静かな場所を選び、担当保育士と多くてももう一人で行う。聞くことは、「誰が（だれがしたの？）」、「何をしたか（どうしてけがをしたの？）」だけである。「お父さんがしたの」などと誘導的な質問はしてはいけない。また、親の

ことを悪く言ってはいけない。こと細かに、根掘り葉掘り聞かない。優しく、毅然とした態度で子どもの言うことを受け入れることが大切である。子どもが虐待の事実を話してくれたときは「つらい話をしてくれてありがとう」と感謝の気持ちを伝える。不自然な回答をしたり、話さなかったり、本当のことを言わないと感じたときも、決して子どもを責めないで、記録に残し、「今日は言いたくないんだね。それでもいいんだよ。お話しできるようになったらお話ししてね」と伝える。

保護者への対応

担当保育士は送り迎えのとき、最近Ａちゃんに元気がなく心配していることを保護者に伝え「家で何か気になることはありませんか」などと話を切り出す。保護者から育児の不安や負担が話されたときは、真摯に受け止め対応する。また、「トイレのとき、おしりのあざに気がついたのですが、どうしました」とさりげなく聞いてみる。返事が不自然であっても問いつめるようなことはしない。まして、「Ａちゃんはお父さんにたたかれたと言うのですが、本当ですか」などと話してはならない。

通告・通報

「虐待かな？」と気づいたとき、保育士、保育所には通告義務がある。気づいた場合は、まず保育所内部で検討し、施設長が通告することが基本となる。

通告先は市町村の虐待対応窓口（要保護児童対策地域協議会）か児童相談所である。通告は支援のはじまりである。通告は、「子育て支援」が必要な家庭に「子育て支援」を届けることである。子ども虐待は放置すると、子どもの成長・発達にきわめて大きな悪影響を及ぼす。虐待は繰り返されるものであり、エスカレートする。

通告は終わりではない

要保護児童対策地域協議会や児童相談所で通告が受理されると、調査および評価が行われる。一時保護が行われる、児童養護施設などへの措置となることもあるが、多くの子どもたちは通告前と同じ地域のなかで、家庭で生活することになる。地域のネットワークの一員として、保育所は子どもの安全・安心の場の提供と保護者支援などの「地域の見守り」の役割を担うことになる。通告は終わりではなく、新たな支援のはじまりであると考えるべきである。「子育て支援」は「虐待予防」にほかならない。

Step 3

1. 児童相談所の役割

　児童相談所は18歳未満児童のさまざまな問題について、保護者、地域住民および関係機関などからの相談や通告に応じ、児童の最善の利益を図るために、児童や保護者に最も適した支援を行う行政機関である。そのために必要な調査ならびに医学的、心理学的、教育学的、社会学的および精神保健上の判定を行う機能をもつ。そのため、児童福祉司、児童心理司、医師などの専門職が配置され、都道府県、政令指定都市および一部の中核都市に設置されている。

　児童相談所の相談業務は5つに大別される。①父母の家出、死亡、離婚や入院などによる養育困難、被虐待児などの養護相談、②低出生体重児、気管支喘息などの保健相談、③心身障害や発達障害などの障害相談、④虚言、家出、浪費癖、性的逸脱、触法行為などの非行相談、⑤性格や行動、不登校などの育成相談である。

　また、子ども虐待に関しては、通告を受理し、必要があれば立ち入り調査を行い、児童を一時保護して子どもの安全を確保し、児童養護施設、乳児院、児童自立支援施設、障害児入所施設等への入所措置などの処遇を行う権限をもつ。リスクの低い要支援ケースは市町村、リスクの高い虐待ケースは児童相談所とされており、適切な役割分担が期待されている。

2. 要保護児童と要支援家庭

　要保護児童とは、保護者に監護させることが不適当であると認められる児童、および保護者のない児童で、具体的には虐待を受けている児童だけでなく、障害をもっている児童、不良行為や不登校の児童をも含むものである。

　要支援家庭とは、保護者の状況、子どもの状況、養育環境に何らかの問題をかかえ、それを放置することで養育が困難な状況に陥る可能性のある家庭をいう。①すでに虐待が起こっている虐待群、②育てにくい子どもや家庭基盤に問題があるなど、今後放置しておけば虐待が発生する可能性がある育児困難をかかえる虐待ハイリスクな虐待予備群、③育児不安をかかえ、自己解決力やサポートがなく、虐待ハイリスクな状況になる可能性のある育児不安群に分けられる。育児不安をかかえていることもあるが、自己解決力があり、サポートを受けながら育児を行っている家庭は、健康群とみなされる。要保護児童も要支援家庭も、自ら相談先を探して相談には来ない。支援する側がセーフティーネットを張り、見つけ出し、支援する側から出向いてともに解決するというアウトリーチの姿勢が求められる。

3. 要保護児童対策地域協議会（子どもを守る地域ネットワーク）

　要保護児童、要支援家庭を一個人、一機関だけで支援することはできない。福祉、保健、医療、教育、警察、司法など多くの機関と人が、連携、協働し、多機関・多職種連携チーム（MDT：Multidisciplinary Team）としてその子どもや家庭に関する情報や対処方法を共有し、それぞれの役割分担を決め作戦を立て対応していくことが重要である。「見守り」とは、ただ見ているだけではない。支援を検討し、役割分担を決めて実践し、再評価して新たな支援を提供する、その繰り返しが見守りである。ただ見ているだけは放置と同じである。

　2004（平成16）年の児童福祉法の改正で、児童相談の一義的な役割は市町村と位置づけられ、子どもと家庭の情報の交換や支援を行うために、協議を行う場として要保護児童対策地域協議会が地域のネットワークの要（かなめ）として位置づけられた。保育所はこれら要保護児童と要支援家庭を早期発見し、ネットワークの一員として機能することが期待される。

守秘義務と情報の共有

　要保護児童対策地域協議会に守秘義務が課せられ、地域のネットワークが機能することで以下のことが期待される。

① 関係機関のはざまで適切な支援を受けられない事例の防止
② 医師や公務員など守秘義務が存在することから個人情報の提供に躊躇（ちゅうちょ）があった関係者からの積極的な情報提供
③ 民間団体をはじめ、法律上の守秘義務が課せられていなかった関係機関等の積極的な参加と、積極的な情報交換や連携

　しかし、関係する機関と人が多ければ多いほど、情報は拡散しやすい。守秘義務の遵守（じゅんしゅ）には、最大限の配慮が必要である。要保護児童対策地域協議会は、現在ほとんどすべての市町村に設置されたが、その機能については地域によってさまざまであるのが現状である。

4. 障害をもつ子どもに関する連携・就学支援シート

　特別支援教育の一環として、保育所、幼稚園、療育機関などにおける子どもたちの状況や、保育または療育の様子を小学校や特別支援学校小学部に引き継ぎ、障害

のある子どもの就学後の学校生活を、より適切なものにしていくために作成するものが就学支援シートである。保育所の生活場面で個別の配慮が必要な子どもが、就学支援シートによって学校と保護者との相談や子どもの支援についての共通理解が図りやすくなり、ちょっとした配慮で、入学後の学校生活に適応しやすくなることが期待される。就学支援シートには、障害をもつ子どもの保護者と保育、療育にかかわってきた担当者が、成長や発達の様子、指導内容や方法の工夫、配慮など指導で大切にしてきたこと、就学後も引き続き教育支援が必要と思われる内容や配慮事項などが記載される。

　障害をもった子どもが保育所在所中は、医療機関や療育機関との連携が必須である。保育士が研修などで療育に関する専門的な対応、知識や技術を学ぶことはもちろん必要であるが、療育センターで療育にかかわった経験のある保育士を保育所へ配置する、療育センターなどの専門職が保育所におもむき、保育の場で子どもの行動を観察・評価し、保育士に対して助言指導をするようなしくみ（巡回といわれることがある）の整備なども有用である。また、保護者には保育所での日々の子どもの様子を伝えるなど情報交換を通じ、保護者の子どもの理解を深めることも大切である。

5. 子ども虐待対応、防止などに関する連携

　保育現場において、不自然な傷やあざ、気になる言動をする子どもに気づいたとき、その背景に家庭における不適切な養育、虐待がないか評価するべきである。「虐待かな」と気づいたときは、これだけでは虐待とはいえない、確信がもてないと放置することなく、すみやかに市町村の虐待相談窓口に連絡、通告する。保育士、保育所ともに通告義務が課せられている。要保護児童対策地域協議会（子どもを守る地域ネットワーク）が諸機関と人の連携を図る役割を期待されているが、虐待対応の窓口は地域によって異なる。対応窓口の周知徹底が必要で、「知らないこと」は「ない」ことと同じである。保育所はこのネットワークに参画し、その一員として積極的に協力することが求められている。このネットワークが機能していれば、児童相談所、保健センターや保健所、学校、医療機関などから情報を集約でき、それぞれの人と機関が役割分担をして、早期から子どもの保護や保護者への対応にあたることができる。

　また、保育所が子ども虐待対応に期待される役割は、虐待の早期発見と対応だけでなく、虐待を受けた子どもに安心、安全な場を提供し、保障することである。現

状では児童相談所へ通告された子どもたちの9割以上は、最終的には地域のなかで、それまで暮らしていた家庭で生活している。保育所は地域におけるそれらの家庭の「見守り」をネットワークの一員として期待される。さらに子育て支援を通して、保育所は子ども虐待予防の役割をも担うものである。

6. 小学校との連携

　保育所から小学校に入学後、学校生活にうまく適応できず、教師の話が聞けなかったり、教室で学習に集中できずに歩き回ったりして授業が成立しなくなるなど、学級がうまく機能しない状況、いわゆる小1プロブレムが課題となっている。遊びを中心とした幼児期の教育と教科学習を中心とする小学校教育とでは、教育内容や指導方法が異なってはいるが、子どもの発達や学びは保育所から義務教育段階へと継続しているものであり、幼児期の教育と小学校教育とは円滑に継続されていることが望ましい。2008（平成20）年に改定された保育所保育指針には保育所から小学校に子どもの育ちを支えるための資料として「保育所児童保育要録」を送付する連携の推進に関する内容が盛り込まれ、また小学校学習指導要領においても、幼稚園に加え保育所との連携が新たに明記された。

　また各地で、幼児・児童に対する一貫性のある教育を相互に協力し、連携し構築するために、子ども同士の保育所と小学校の交流活動や教職員の交流が行われるようになってきている。

7. 災害等の発生時における連携

　保育所内外での事故や災害発生、不審者の侵入などの事態に備え、日ごろから保護者、近隣の住民、地域の医療機関、保健センターや保健所、警察、消防、市町村の関係部署などとの密接な協力や支援にかかわる連携体制を整備し、災害訓練などを定期的に行うことが必要である。近年、地球温暖化などの影響で集中豪雨、土砂災害、豪雪、巨大台風、突風・竜巻、大規模停電などの増加が危惧されている。災害は地震や津波など地域により、また予期せぬことが発生することも考慮し対策を講じる必要がある。

参考文献

- 厚生労働省「保育所保育指針解説」2018.
- 松田博雄「第13章 子ども虐待と小児科医の役割」子どもの虐待防止センター監，西澤哲編著，坂井聖二『子ども虐待への挑戦——医療、福祉、心理、司法の連携を目指して』誠信書房，2013.
- 松田博雄『子ども虐待——多職種専門家チームによる取り組み（淑徳大学総合福祉学部研究叢書）』学文社，2008.
- 松田博雄「第12章 子ども家庭支援における医療との連携」庄司順一・鈴木力・宮島清編『社会的養護シリーズ4 子ども家庭支援とソーシャルワーク』福村出版，2011.
- 厚生労働省「要保護児童対策地域協議会設置・運営指針」（平成17年2月25日雇児発第0225001号）
- 厚生労働省「楽しく食べる子どもに〜保育所における食育に関する指針〜」（平成16年3月29日雇児保発第0329001号）

第14講

保育における保健計画およよび評価

　子どもが集団で生活する場においては、一人ひとりの子どもと集団全体の健康増進を図り、危険な状態の回避に努めることが大切である。子どもの健康増進にあたっては、全体的な計画に基づいて、年間の保健計画を作成し、全職員がそのねらいや内容を明確にしながら発育発達に適した生活ができるよう援助する必要がある。

　本講では、保健計画および成長の評価の資料となる身体計測の技術を学ぶ。

Step 1

1. 保健計画の作成と活用

保健計画の立案

　保健計画とは、園児の一人ひとりが日々を健康に過ごすために立てられる1年間の保健活動の計画である（図表14-1）。保健活動は、子どもの成長・発達の特徴を理解して生活リズムを整えることや健康教育を行うこと、その時期に必要とされる適切な援助を行うことなど広範囲にわたる。保健活動の質はその後の子どもの成長発達に影響を与えるため、科学的根拠に基づいた正しい知識、技術が求められる。

　作成にあたっては、乳幼児の成長・発達および家庭、地域の実態、保育所に対する社会の要請、保護者の意向などを把握し、全職員の共通理解と協力体制の構築と組織的に目標を定めた取り組みが必要であることが保育所保育指針に示されている。

　子どもが生活する住宅の構造、遊び場の減少や遊び方、さらに、社会環境が夜型化し、子どもの生活も夜型化している。就寝時間の遅延、短い睡眠時間は日中の活動にも影響を及ぼす。子どもの発達を視点にすると、自然界のリズムにそって生活し、保育時間の長短なども考慮した睡眠、食事、遊びなどの生活リズムを整えることは健康づくりの基礎となる。

　子どもの生活実態を把握し、健康な生活リズムを身につけるための家庭との協力、連携、支援と保育所における取り組みが欠かせない。保育所においては、成長・発達途上の子どもの個人差、一人ひとりの健康状態をよく観察しながら、子どもが安心してさまざまなことに取り組み、充実感や達成感を感じ、意欲的に生き、自らがもつ力を十分に発揮できる環境を整えることが必須である。

　健康で安全な生活に必要な、基本的な習慣や態度を養い、心身の健康の基礎を培う内容構成と展開を図ることが重要である。

　以上のように目的をもって作成された計画は、全体像が職員間で共有され、組織的に実践、展開されることで保育の質の向上を図ることにつながる。

　計画は、少なくとも年度の終わりに実践経過や結果について記録を通じて振り返り、評価し、課題を明確にする。そのうえで改善に向けた取り組みの方向性を職員間で共有し、次の計画作成に活かす。

2. 健康診断

　健康診断は、児童福祉施設の設備及び運営に関する基準第12条の規定に基づき、

Step1 レクチャー

学校保健安全法(昭和33年法律第56号)の規定に準じて、身長および体重、栄養状態や脊柱および胸郭の疾病および異常の有無、四肢の状態等の項目について行われる。

「子どもの心身の健康状態や疾病等の把握のために、嘱託医等により定期的に健康診断を行い、その結果を記録し、保育に活用するとともに、保護者が子どもの状態を理解し、日常生活に活用できるようにすること」と保育所保育指針に示されている(保育所保育指針「第3章　健康及び安全」の「1　子どもの健康支援」の「(2)　健康増進」イ)。

健康診断の実施

医師により以下のことが行われる。
・身体発育の評価により、健やかに成長しているかを確認
・運動発達に関する評価(発達のゆがみはないか)
・問題なく園生活が送れているかを評価
・全身の機能を診察し、問題に対する原因究明、精密検査、専門医紹介

診察に際しては、一人ひとりの子どもの成長・発達状態と健康状態とともに、事前にアンケートをとるなどをして保護者からの質問、相談などを整理しておく。

0歳児クラス児、慢性疾患児、障害児、虐待が疑われる子ども、肥満児等の身体計測の結果は、発育曲線上にプロットしてその点を線で結んでおくことが重要な準備作業となる。ほかに診察の参考になる情報も用意しておく。

子どもに負担がかからないようにするため、また、診察がスムーズに流れるように会場を整えることも重要である。

健康診断の結果

問題が認められた場合には、嘱託医は担当の保育士に説明し、保育士から保護者に説明し伝える。看護職が在園する場合は必要に応じて保育士と一緒に伝えることもある。異常がなかった子どもに対しては、健康カード(毎月の身体計測結果や公的健診の受診日、予防接種状況などについて家庭とやりとりをする)などで個別記録にて伝える。保護者へは、その日のうちに伝えることがのぞましく、全園児の健康状態結果については園だよりなどで知らせる。

受診や治療が必要とされた子どもに対しては、嘱託医、かかりつけ医との連携で適切な対応を図ることが大切である。

健康診断の結果は、記録し、日々の健康管理に活用する。控え簿、個人記録ともに記載事項は守秘義務のある個人情報であり、管理には厳重な注意が必要である。

第14講　保育における保健計画および評価

図表14-1　年間保健計画の例

〔目的1〕すべての子どもが発達年齢に即し、生命を尊び、考える力とともに健康で好ましい生活態度と習慣を身につける。

〔目的2〕健康の保持増進：感染防止・事故防止・月齢、個人差に応じた鍛錬。

	4月・5月	6月	7月・8月
行事予定	・身体計測 （身長・体重・胸囲・頭囲） ・春季定期健康診断 ・0歳児健康診断（毎週1回）	・身体計測（身長・体重） ・春季歯科健康診断	・身体計測（身長・体重） ・清潔管理（髪・爪・皮膚他） ・プールの衛生管理 ・視力測定
目標	・園生活に慣れる	・衛生的な生活をする	・夏を元気に過ごす
計画	・新入園児の生育歴・健康状態の特徴把握 （カウプ・ローレル指数・パーセンタイル値） ・予防接種・罹患状況表点検・作成 ・全園児健康状態把握 ・薄着、うがい、手洗い指導 ・園舎内外の安全点検 ・環境衛生管理 ・乳幼児健康診断受診指導（毎月） （3・4か月、1.6か月、3歳児） ・任意・定期予防接種確認 ・各種予防接種指導（毎月）	・皮膚疾患管理、衣類の清潔管理 ・虫歯予防指導と治療指導 ・梅雨時の保健指導 ・室内温度、湿度管理（空調管理）	・水遊び前後の健康状態チェック、管理 ・プールの水質管理（消毒） ・水遊び時の事故防止
留意点	・新入園児の生活習慣を把握し食事、昼寝等無理のないように配慮する ・進級、担当の交代等環境の変化からの不安定による事故発生に注意する ・流行性疾患の早期発見、予防に努める ・予防接種未接種者に対する接種指導 ・生活リズムの重要性 ・新入園児は集団生活による感染症罹患の機会が多くなるため家庭では十分に休養をとることを指導 ・紫外線が強いので、戸外では必ず帽子を着用する	・手洗いの仕方、うがいの仕方、歯磨きの仕方等、保健衛生の習慣が正しく身につくように園児、保護者に指導する ・虫刺され、膿痂疹、湿疹等の応急処置、治療について保護者に指導する ・外気温差や発汗による衣服の調整、皮膚の清潔管理、水分補給に配慮する ・腹痛、下痢、嘔吐等の症状に注意する ・水遊びが始まる前に蟯虫症、伝染性軟属腫（水いぼ）の治療の徹底、確認をする ・保育室、調理室の清潔保持に留意	・安全に楽しく水遊びができるよう配慮する（救急蘇生法を身につける） ・正しくプールの水のクロール濃度を測定する ・滑って頭部打撲、溺れる等の事故防止をする ・時間、休養、一般状態の観察など全員が周知し確認しておく ・食欲不振や夏季熱に対する水分、食事摂取に配慮する ・衣服の調節をこまめにする ・冷房と外気温との差は5℃以内とする （ホメオスターシスの範囲） （温湿計で確認） ・熱中症予防に留意する

資料：筆者作成。

Step1 レクチャー

	9月	10月・11月	12月・1月	2月・3月
	・身体測定（身長・体重）	・秋季定期健康診断 ・身体計測 　（身長・体重・胸囲・頭囲） ・秋季歯科健康診断	・身体計測（身長・体重） ・視力測定	・新入園児健康診断
	・生活リズムを整える	・体力づくりに取り組む	・冬を元気に過ごす ─────────→	
	・薄着で皮膚、粘膜の鍛錬 ・戸外で十分に身体を動かす ────── ・戸外遊び中の事故防止 ・インフルエンザ予防接種指導 ────── ・汚物処理法（嘔吐・下痢）手洗い ──────	──────→ ──────→ ──────→ ──────→ ・眼、皮膚疾患の管理	・感冒、インフルエンザ、乳児下痢症の早期発見に努める ────── ・健康教育（事故防止、生命の大切さなど）	──────→ ・新入園児健康診断の準備（時間、人員他） ・　〃　　保健に関するオリエンテーション ・結果記録、情報共有 ・1年を振り返り、次年度に活かす ・1年の総括と次年度計画
	・暑さで抵抗力が落ちているため、休養、栄養を十分にとる ・生活リズムを整えるように保護者に指導する ・気温の変化による衣服の調整に注意する ・抵抗力が落ちているため、虫刺されや擦過傷から膿痂疹になりやすいので、皮膚の清潔管理を十分にする ・薄着の効用について知らせ、薄着の習慣が身につくように指導する	・朝・夕の外気温の差が大きいので衣服の調整の配慮をする（下着やベストを着用） ・うがい、手洗い励行 ・薄着鍛錬によって体力、抵抗力がつくことを知らせる ・戸外活動が多くなるので遊具の点検、散歩先の安全点検をし、事故防止に努める ・眼を疲れさせない工夫や眼科的疾患の異常は早期発見が大切であることを保護者に指導する ・健康診断・計測の結果、発育発達上、要注意児には指示を伝え指導する	・歯科健康診断後、治療等、指示があった児の対処、治療状況について点検確認をする（未治療の場合には治療の勧め） ・厚着が目立つころなので、個人差や体調を考慮したうえで無理のない積極的な薄着の励行を進める ・個々の体調の変化を把握し、衣服や休養の配慮をする ・手洗い、うがいをきちんとして風邪の予防をする ・暖房機の調節を適切にする（室温18～22℃、湿度60～70％） （温湿計で確認）	・火傷に対する家庭への指導（暖房ヒーター、ラーメン、タバコ等に注意） ・皮膚が乾燥し易く、敏感肌の児には清潔、保湿等適切な対処指導をする ・予防接種状況の点検をし、接種忘れ等に助言指導する ・年間保健統計結果を今後に活かす ・分析後報告、情報共有 ・保育中に配慮を要する子どもについての情報共有（守秘義務あり）

第14講　保育における保健計画および評価

Step 2

> **演習 1** 保健活動の実際や、健康計画や指導計画における保健活動の位置づけについて確認してみよう

課題

① 実習先において保健活動がどのように実践されているか（または、実践されていたか）確認する。
② 保健計画が指導計画にどのように位置づけられているか確認する。

進め方

① 実習先において、どのような保健活動が行われているか確認する（すでに実習が行われている場合にはそれを思い出してみる。これから実習に行く場合には意識してみてみる）。
② 保健計画や指導計画において実習先における保健活動がどのように位置づけられているか確認する（保健計画、指導計画は実習先からもらってくるか、**Step 1** にある計画例（**162ページ参照**）を参考にする）。
③ グループで①、②について意見交換をする。

Step1 **Step2 プラクティス** Step3

演習 2　正確な計測値を得るための身体計測の手技を身につけよう

課題

① 人形を使い、身長、体重、頭囲、胸囲の正しい計測手技を身につける。
② 計測者、記録者、子どもの世話をする者等について、それぞれの役割を確認する。

進め方

（1）準備するもの

身長計（仰臥位（あお向け）用、立位用）、体重計（10 g 単位まで計測できるもの）、メジャー、計測記録用紙、タオル

（2）方法

① 4～5人程度のグループをつくり、身長、体重、頭囲・胸囲の計測者、子どもの世話をする者、記録者などの役割に分かれる。
② 子どもの世話をする者は、衣服の着脱を担当し、スムーズに計測が行われるようにする。
③ 各計測者は順番に計測を行う。計測者以外の者は計測者の手技を見て、よいところや注意すべきところをメモする。
④ 計測者は計測値を記録者に伝え、記録者は記録用紙に記入する。
⑤ 計測者以外の者は、計測者に対してよいところや注意すべきところを伝える。
⑥ 役割を変えて①～⑤を繰り返す。

計測方法

（1）体重

① 乳児

体重計はタオルを敷いて目盛りを 0 に調節しておく。子どもは全裸にし、体の中心が台皿の中央にくるように臥位または座位でバランスよく乗せる（❶）。10 g 単位で計測する。おむつをあてる場合は、計測後にその重さを差し引く。

② 幼児

パンツ1枚で、台の中央に立って計測する（❷）。

（2）身長

① 乳児

　乳幼児用身長計を使い、タオルを敷いた台板の上に子どもを仰臥位で寝かせて計測する。計測者が2人の場合は、1人が子どもの眼窩点（眼球が収まっている頭蓋骨の穴）と耳珠点（耳の穴）を結んだ線が垂直（90度）になるように頭部を固定し、1人が足を伸展させる（❸）。1人で行う場合は、計測者の前腕を子どもの胸からひざに軽く置き、足を伸展させる。ミリ単位で計測する。

② 幼児

　2歳以上の幼児では、立位で足先を30度くらい開き、後頭部、背部、かかとが

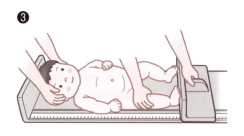
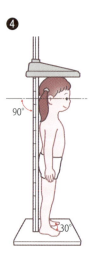

尺柱に密着するように立たせる。頭部はあごを引き、眼窩点、耳珠点が水平になるようにして計測する（❹）。

(3) 頭囲

眉間にメジャーの目盛りの0をあて、眉毛の上から後頭結節（後頭部の突出部）を通り、眉間に戻って交差した点の目盛りをミリ単位で計測する（❺）。

(4) 胸囲

乳児は臥位、2歳以上は立位で計測する。上半身を裸にし、左右の肩甲骨（けんこうこつ）の下にメジャーをあてて胸に回し、乳頭点（乳首の真上）を通り、胸の中央で交差した点の目盛りをミリ単位で計測する。呼気の終わりに計測するとよい（❻）。

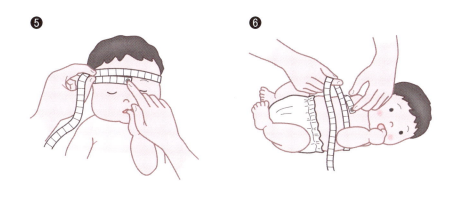

Step3

1. 身体計測時の留意事項

身体計測を行う際には、基本的な手技について修得しておくほか、下記のような工夫や注意が必要である。

① 年齢が低いクラスの計測では、排泄物による床などの汚染、子ども同士のトラブル（押されて転倒する、かみつくなど）、計測室から出て行く子どもがいるなど、さまざまな予測できない危険がある。そのため、計測の担当にあたる者以外の職員の協力体制をとることが大切である。

② 泣いて嫌がる子どもに対しては、気持ちが安定する時間をとるため、最後に行う配慮が必要である。

③ 立位身長計が金属製の場合には、尺柱の背の触れる部分を布でカバーする工夫をして刺激を和らげる。

④ 初めて立位身長を計測する際には同時に仰臥位でも測定する。これは立位での測定値は仰臥位での測定値より低くなるため、どちらか一方の計測値では伸び方の評価が不十分になるためである（身体発育曲線（パーセンタイル曲線（図表14-2））の2歳時における曲線のずれは、このことを考慮している）。

2. 身体計測の評価

身体計測が終了したら、なるべく早く家庭に連絡をし母子健康手帳への記録を勧め、成長の確認や子育てに役立てられるようにする。

身体計測の評価には、乳幼児身体発育曲線（図表14-2）や幼児の身長体重曲線、カウプ指数（体重（g）÷身長（cm）^{2}×10）などが用いられる。乳幼児身体発育曲線では計測値をグラフ上にプロット（印をつけて示すこと）をする。これにより計測値の経過を知り、曲線にそって成長しているかをグラフ上で観察する。

身長、体重が3パーセンタイルから97パーセンタイルの範囲を超えている場合は、医療機関などでの検査や経過観察が必要である。

カウプ指数は体つきの特徴を示すもので、体型や栄養状態の判定に使用する。

保育者も個々の計測値を評価して、嘱託医の健康診断の際に提示して発育評価、助言、指導を受けるようにする。

図表14-2 乳幼児身体発育曲線（身長、体重）（2010年調査値）

乳児（男子）身体発育曲線

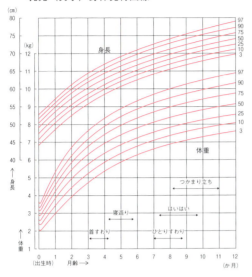

幼児（男子）身体発育曲線

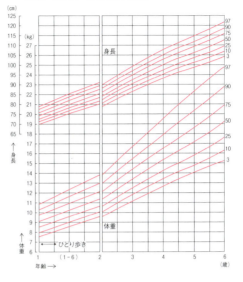

乳児（女子）身体発育曲線

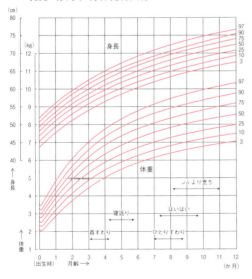

幼児（女子）身体発育曲線

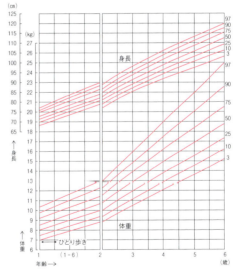

参考文献

- 大場幸夫・増田まゆみ・普光院亜紀『よくわかる2009年4月施行保育所保育指針』ひかりのくに,2008.
- 羽室俊子・荒木暁子編著『実践・乳児保育』同文書院,2004.
- 平山宗宏編『子どもの保健と支援』日本小児医事出版社,2017.

COLUMN　歯科健康診断

　虫歯、歯列、咬合(こうごう)状態などのほか、口腔(こうくう)内の状態から食べる機能に関する健康診断を行う。虫歯ができていた場合には、早期発見・早期治療のためにも歯科健康診断は必要である。

　結果は内科健診と同様、担当保育士に説明し、保育士から保護者に説明し、伝えることにより、保護者の理解が深まる。

　毎日の歯みがき、食事などの生活改善、さらに、予防の重要性についての動機づけにすることができる。

（木村明子）

第15講

子どもを中心とした家庭・専門機関・地域との連携

本講では子どもが健やかに育ち、保護者の子育てを支えるために欠かすことができない家庭、自治体、専門機関などとの地域における連携とそのあり方について学ぶ。Step1では、子どもの育ちや子育てを支える制度や地域の社会資源や関係機関について理解する。Step2では、医療的ケアの必要な子どもの事例を検討しながら子どもへの支援を考える。Step3では、医療的ケアを必要とする子どもや家庭に関連する現在の状況や支援のあり方について述べる。

Step 1

1. 子ども・子育て支援新制度と地域子ども・子育て支援事業の制度化

　子どもの育ちや子育て家庭を支える支援は、さまざまな法律、制度、事業、サービスを用いて多くの関係機関がかかわりながら子どもや家庭が生活する地域という場で展開していくものである。子どもが健やかに育ち、子育て家庭が安心して妊娠・出産・育児ができるためには、妊娠期から子育て期にわたるまで、関係機関が連携し切れ目のないトータルな支援を提供することが重要だ。

　子どもの育ちを支え、子育て家庭を支援する法律として、2012（平成24）年に子ども・子育て関連3法が新たに成立し、子ども・子育て支援新制度が2015（平成27）年4月から本格施行されている。主なポイントとして、①認定こども園、幼稚園、保育所を通じた共通の給付（施設型給付）および小規模保育等への給付（地域型保育給付）の創設、②認定こども園制度の改善、③地域の実情に応じた子ども・子育て支援の充実、④市町村が実施主体、⑤社会全体による費用負担、⑥政府の推進体制、⑦子ども・子育て会議の設置があげられている。市町村は、子どもや子育て家庭の状況やニーズを把握（はあく）し、5年間を計画期間とする「市町村子ども・子育て支援事業計画」を策定、実施し、国や都道府県は、市町村の取り組みを重層的に支えるしくみとなっている。子ども・子育て支援法第59条に示されている地域子ども・子育て支援事業の概要は、**図表15-1**の通りである。また国は、2016（平成28）年度に仕事・子育て両立支援事業（企業主導型保育事業・企業主導型ベビーシッター利用者支援事業）を創設している。

2. 子育て世代包括支援センター

　2016（平成28）年に「児童福祉法等の一部を改正する法律」により子育て世代包括支援センターが「母子保健法」に位置づけられた（法律上は母子健康包括支援センター）。妊娠期から子育て期にわたる切れ目のない支援のために、子育て世代包括支援センターに保健師、助産師、看護師、ソーシャルワーカーなどを配置して、「母子保健サービス」と「子育て支援サービス」を一体的に提供できるよう、きめ細かな相談支援などを行うとしている（**図表15-2**）。

　子育て世代包括支援センターでは、①妊産婦・乳幼児等の実情を把握すること、②妊娠・出産・子育てに関する各種の相談に応じ、必要な情報提供・助言・保健指導を行うこと、③支援プランを作成すること、④保健医療または福祉の関係機関と

図表15-1 地域子ども・子育て支援事業の概要

事業名	内容
利用者支援事業	子どもおよび保護者等の身近な場所で、地域子ども・子育て支援事業や教育・保育・保健その他の子育て支援の情報提供および必要に応じ相談・助言を行うとともに、関係機関との連絡調整等を総合的に実施する事業
地域子育て支援拠点事業	乳幼児およびその保護者が相互に交流を行う場所を提供し、子育ての相談、情報提供、助言その他の援助を行う事業
妊婦健康診査	妊婦の健康の保持および増進を図るため、妊婦に対する健康診査として、①健康状態の把握、②検査計測、③保健指導を実施するとともに、妊娠期間中の適時に必要に応じた医学的検査を実施する事業
乳児家庭全戸訪問事業	生後4か月までの乳児のいるすべての家庭を訪問し、子育て支援に関する情報提供や養育環境等の把握を行う事業
養育支援訪問事業	養育支援が特に必要な家庭に対して、その居宅を訪問し、養育に関する指導・助言等を行うことにより、当該家庭の適切な養育の実施を確保する事業
子どもを守る地域ネットワーク機能強化事業（その他要保護児童等の支援に資する事業）	要保護児童対策協議会（子どもを守る地域ネットワーク）の機能強化を図るため、調整機関職員やネットワーク構成員（関係機関）の専門性強化と、ネットワーク機関間の連携強化を図る取り組みを実施する事業
子育て短期支援事業	保護者の疾病等の理由により家庭において養育を受けることが一時的に困難となった児童について、児童養護施設等に入所させ、必要な保護を行う事業（短期入所生活援助事業（ショートステイ事業）および夜間養護等事業（トワイライトステイ事業））
子育て援助活動支援事業（ファミリー・サポート・センター事業）	乳幼児や小学生等の児童を有する子育て中の保護者を会員として、児童の預かり等の援助を受けることを希望する者と当該援助を行うことを希望する者との相互援助活動に関する連絡、調整を行う事業
一時預かり事業	家庭において保育を受けることが一時的に困難となった乳幼児について、主として昼間において、認定こども園、幼稚園、保育所、地域子育て支援拠点その他の場所において、一時的に預かり、必要な保護を行う事業
延長保育事業	保育認定を受けた子どもについて、通常の利用日及び利用時間以外の日及び時間において、認定こども園、保育所等において保育を実施する事業
病児保育事業（病児・病後児保育）	病児について、病院・保育所等に付設された専用スペース等において、看護師等が一時的に保育を行う事業
放課後児童健全育成事業（放課後児童クラブ）	保護者が労働等により昼間家庭にいない小学校に就学している児童に対し、授業の終了後に小学校の余裕教室、児童館等を利用して適切な遊びおよび生活の場を与えて、その健全な育成を図る事業
実費徴収に係る補足給付を行う事業	保護者の世帯所得の状況等を勘案して、特定教育・保育施設等に対して保護者が支払うべき日用品、文房具その他教育・保育に必要な物品の購入に要する費用または行事への参加に要する費用等を助成する事業
多様な事業者の参入促進・能力活用事業	特定教育・保育施設等への民間事業者の参入の促進に関する調査研究、その他多様な事業者の能力を活用した特定教育・保育施設等の設置又は運営を促進するための事業

出典：内閣府子ども・子育て本部「子ども・子育て支援新制度について」2017. をもとに作成。

図表15-2　子育て世代包括支援センターの全国展開

○妊娠期から子育て期にわたる切れ目のない支援のために、子育て世代包括支援センターに保健師等を配置して、「母子保健サービス」と「子育て支援サービス」を一体的に提供できるよう、きめ細かな相談支援等を行う。
○母子保健法を改正し、子育て世代包括支援センターを法定化（平成29年4月1日施行）（法律上は「母子健康包括支援センター」）。
▶実施市町村数：525市区町村（1,106か所）（平成29年4月1日現在）▶平成32年度末までに全国展開を目指す。
※各市区町村が実情に応じて必要な箇所数や管轄区域を判断して設置。

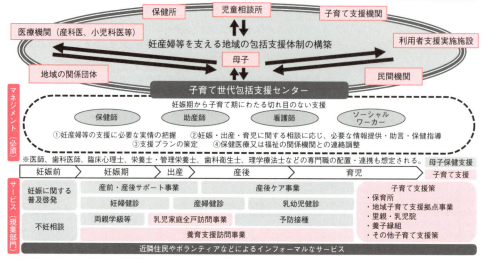

出典：厚生労働省子ども家庭局母子保健課「国における母子保健対策——特に子育て世代包括支援センターについて」p.11、2018.

の連絡調整を行うことが必須業務となっている。子育て支援は、児童福祉法、子ども・子育て支援法、母子保健法、障害者の日常生活及び社会生活を総合的に支援するための法律、学校教育法、児童虐待の防止等に関する法律、子どもの貧困対策の推進に関する法律、地方自治体条例など関連する法律や制度が多岐にわたり、子どもや保護者のニーズに応じてサービスを組み合わせ、子どものよりよい育ちのためには支援がどうあったらよいのかを協働して考えていく必要がある。個別の機関や施設がニーズを把握していても、適切に関係機関や支援につなぐことができずに問題が深刻化してしまう場合もある。情報の管理や提供には留意しながら情報を集約して一元的に管理、共有することによって継続的、包括的、重層的な支援につなげていくこともできる。現在は制度化されていない支援に直面することもあり、制度や支援の課題に気づき、地域で必要とされる資源の開発や支援を生み出していくプロセスが必要となる場合もある。支援には、多くの関係機関がかかわることから、地域のそれぞれの関係機関を把握してその役割を理解し、担当者と顔の見える関係を日常的に相互につくっておくことが支援を円滑にすすめることにもなる。

　子育て世代包括支援センター業務ガイドラインでは、「子育ては、家庭や地域で

の日々の暮らしの中で行われるものであり、母子保健や子育て支援施策等の専門領域ごとに分断されるものではない。また、妊産婦や乳幼児、その家庭の状況は経過によって変わるものである。この認識に立って、センターの運営による「包括的な支援」を通じて、妊産婦及び乳幼児並びにその保護者の生活の質の改善・向上や、胎児・乳幼児にとって良好な生育環境の実現・維持を図ることが重要である」とその支援のあり方を提示している。子育て世代包括支援センターは関係機関の連携と支援のための連絡調整の中枢となり、センターへ行けばなんらかの支援につながる情報が得られるワンストップ拠点としての役割が求められている。センターに来やすく、つながりやすくする工夫もしながら、地域の実家と思えるようなよりどころとして利用者の目線、立場でセンターに来る人を温かく迎えることが出発点となる。子どもが安全に安心した環境で健やかに育ち、保護者や身近な人との安定した関係を確立していくなかで、子ども自身が愛されている、大切にされていると実感してその力を発揮できるようにしていく基盤を整えていくものでもある。

3. 地域の連携先と社会資源

　これらの事業を展開する場として、市区町村の役所の関係部署や窓口、保健所や市町村保健福祉センター、医療機関、子育て世代包括支援センター、産後ケア施設、児童相談所、福祉事務所、子育て支援センター、児童家庭支援センター、保育所、幼稚園、認定こども園、児童館、放課後児童クラブ、ファミリー・サポート・センター、病児・病後児保育施設、乳児院、児童養護施設、母子生活支援施設、障害児施設、児童自立支援施設、児童心理治療施設、要保護児童対策地域協議会、自立支援協議会、児童発達支援センター、配偶者暴力相談支援センター、婦人保護施設、社会福祉協議会、各種学校、教育委員会、公民館、警察、家庭裁判所、NPO法人、ボランティア、民生委員・児童委員、各種団体、民間企業、商店、自治会、家庭などがある。

　家庭・家族といっても核家族、ひとり親家庭、未婚家庭、子どもがある再婚者などにより構成されるステップファミリー、3世代同居家庭、里親家庭、普通養子縁組や特別養子縁組による家庭、共働き家庭、国際結婚家庭などさまざまな家庭の形があり、その姿は多様化している。

　また、地域やこれらの連携先には、さまざまな専門職がいる。子どもやその保護者にかかわる専門職としては、医師、薬剤師、保健師、看護師、助産師、歯科医師、歯科衛生士、保育士、教諭、社会福祉士、精神保健福祉士、児童福祉司、児童心理

司、児童指導員、社会福祉主事、家庭支援専門相談員、里親支援専門相談員、管理栄養士、栄養士、理学療法士、作業療法士、言語聴覚士、臨床心理士、警察官、救急救命士、消防士、弁護士などがあげられる。

地域の社会資源には、①会社や商店、施設やその設備、資金、物品、交通機関、下水道や電気といったインフラなどの物的資源、②法律や制度、条例に基づく制度的資源、③人や組織、集団やその人々がもつ知識・技術などの人的資源や関係、④社会資源を活用するためのさまざまな情報に大きく分けられる。また、そのなかでも公的（フォーマル）なサービスと、私的（インフォーマル）なサービス、営利的なサービスがある。公的なサービスは、保育所における支援といった法律などを根拠とした支援であり、市区町村の自治体や社会福祉法人などの公的な認可を受けたところが保育士などの専門職による支援を行う。私的なサービスは、知り合いなどによる助け合いやNPO法人やボランティア団体などによる営利を目的としないサービスである。営利的なサービスは、ベビーシッターを雇うなど料金を払うことによって得られるサービスである。

例えば、市町村が行う乳児家庭全戸訪問事業によって、出産後に産後うつになって思うように生活や子育てができない母親がいるということが、訪問した保健師によってわかった場合の支援を考えてみよう。公的なサービスとして子育て世代包括支援センターが中心となって、相談援助を行い、子育て短期支援事業の1つである短期入所生活援助（ショートステイ事業）につなげて1週間程度、子どもを乳児院に預けて母親の身体的・精神的負担を軽減する。その間、母親が精神科の病院に通院するために保健師が付き添い、精神科の病院の医師や精神保健福祉士の支援も受ける。精神保健福祉士の紹介により、母親が日中家にいるときに、NPO法人が運営する団体によって派遣された産後うつの経験をもつ子育て経験者によるボランティアの訪問を受け、話を聞いてもらったりするなどインフォーマルな支援も受ける。食事は、食事をつくる意欲ももてない状況のため、料金を支払って宅配サービスを依頼するという営利のサービスを利用する。子どもは、乳児院で安全で安心感のもてる環境で健やかな発育・発達がうながされていくように、保育士による保育を受ける。

このようにフォーマルなサービス、インフォーマルなサービス、営利的なサービスを組み合わせながら地域のさまざまな社会資源を活用し、育児放棄などの虐待ケースに発展する前に支援をつなぎながら予防的なかかわりをもつことができる場にもなる。支援を行うにあたっても、地域の社会資源を活用できるよう必要な情報を収集、提供し、調整したり、つなげたりしながら、子どもや親、支援を必要とす

る人のニーズに応えていく必要がある。

4. 生活上の課題や病気、障害をかかえる子どもや家族に対するトータルな支援の必要性

　人間は、領域や分野、場所ごとに心やからだができているわけではない。支援する際には、保育・医療・看護・福祉・教育・心理など領域を分割して支援を考えがちであり、場所ごとに支援の方向性や支援の内容が違うためにかえって子どもや保護者が混乱することもある。目の前にいる子どもや家族一人ひとりにとって、これまでと今とこれからを考えたときにどのような支援が望まれるのかを考えつつ、トータルな支援をどう構築するかということは難しい課題でもある。人的・物的な余裕がないことも多く、専門機関や関係機関、社会資源や地域のさまざまな専門職、ボランティアが連携しながら、チームアプローチによるトータルな支援が求められる。どのような状況があっても「その子どもらしい」「ありのままの」姿で主体性のある生活ができるよう支援を考え、そのためにどのような方策があるのか知恵を出し合い、協働しながらよりよい支援に向けたアプローチをしていきたい。

　事業や支援があっても、その支援を利用できるようにつなげる場や人がいなければ意味がない。支援の必要性が高い子どもやその家族は、本人が困っていてもその認識がない、毎日に必死で助けてと声に出す余裕ももてない、必要となる支援に結びつかないなど孤立している場合も多くみられる。日常的に地域のさまざまな人とつながり、ネットワークをつくって、支援が必要な人に気づくしくみも必要である。

　保育士として、関係機関、社会資源、他職種やボランティアとの連携のもと、子どもが安心して健やかに育つ環境を整え、「迎える」「支える」「つなげる」を意識した保育や支援を考えたい。

Step 2

演習 次の事例を読み、その支援を考えてみよう

事例

　Aちゃんは、妊娠24週680gで超低出生体重児として産まれた。こども病院のNICU（新生児特定集中治療室）で出生後すぐに保育器に入り、人工呼吸管理や酸素投与、経管栄養、体温管理、治療などが行われた。体に各種モニターを装着し、口からは挿管チューブや胃チューブを挿入していた。両親は、生まれてきたわが子を保育器の外から見守ることしかできず、上の子どもは今まで健康に育っていたこともあり、まったく想像もしていなかった状況に大きなショックを受けた。この先どうなるのかという不安と子どもに対する罪悪感や自責の念をかかえていた。

　入院中は医療スタッフの治療と温かい声かけでこのような状況でも少しずつ成長していること、面会に行ったときなどに同じような状況で入院している母親たちとかかわることができ、お互いの経過や状況を話し、情報交換などもして悩みを相談したりできたことが救いとなっていた。約4か月間、保育器の中で育ち、その後も治療を受けて約7か月後に退院した。退院後もAちゃんは人工呼吸器が必要で母親は3時間ごとに気管内を吸引する、鼻から胃にチューブを通して経管栄養でミルクを飲ませるという医療的ケアがともなった生活が続いている。核家族で祖父母は地方に住み、母方の母親は、父親の介護で手が離せず、夫の両親とはNICUに入院しているときに言われた言葉に傷つき、関係が悪くなっている。

　退院できたものの自宅での生活は、子どもから目が離せず、外との交流も少ない。夫は、仕事もあり、3歳年の離れたきょうだいの保育所の送り迎えや入浴などは手伝ってくれるが、母親が家事や育児、医療的ケアのほとんどをしている状況で、地域で受けられる支援もわからず身体的にも精神的にも疲労する毎日を送っている。当初、共働きで母親も仕事に復帰したいと考えていたが、このような状況では、それも難しくあきらめるしかないのではないかと悩んでいる。

課題

① この事例を読んで感じたことを自由に書いてみる。

② Aちゃんの母親の気持ちを考えてみる。

出産時

Step2 プラクティス

入院時

退院時

退院後

③ Aちゃんの家庭での生活で大変なことを考え、箇条書きに書き出してみる。

-
-
-
-
-

④ 課題の①〜③で考えたことをグループで共有し、Aちゃんや母親、家庭に対してどのような支援があるかグループで考えてみる。

支援

⑤ 課題の④で考えたAちゃんや家庭への支援を行う場所や連携先をあげ、それぞれの場所での支援の内容や連携の実際について考えてみる。

連携する先

第15講 子どもを中心とした家庭・専門機関・地域との連携

Step 3

1. 医療的ケアを必要とする子ども

　小児医療の進歩により、多くの重い病気の子どもを救えるようになった一方で、医療的ケアを必要とする子どもが増えている。医療的ケア児ともいわれ、障害や病気で鼻から管を通し、胃に穴を開けて栄養を取り入れる経管栄養や人工呼吸器の装着、気管切開にともなう痰の吸引など医療的ケアを日常的に必要とする。「医療的ケア児に対する実態調査と医療・福祉・保健・教育等の連携に関する研究（中間報告）」によると、2015（平成27）年度の医療的ケア児は全国に1万7078人おり、2005（平成17）年度の9403人と比較すると10年間で約1.8倍となっている。医療的ケアが必要な子どもが預けられる場所は少なく、保育所や幼稚園、児童発達支援センターなどの療育施設に入れないことも多い。24時間365日常時の見守りが必要なため気の抜けない子育てに負担が大きい、夫婦や兄弟姉妹の生活にも影響がある、仕事を辞めて孤独な状況におかれている、離婚や経済的な困窮をかかえる家族など社会的に孤立している場合も多くある。しかし、地域における医療的ケアの必要な子どもや家族を支える相談支援体制は不十分で、在宅医療を担う小児科医が少なく、在宅医療のための支援施設や小児訪問看護ステーション、家族のレスパイトを担う施設、学業や就労、自立を支援する場も限られているのが現状である。

　国は、2016（平成28）年5月に「障害者の日常生活及び社会生活を総合的に支援するための法律及び児童福祉法の一部を改正する法律」を成立させ、2018（平成30）年4月より施行している（**図表15-3**）。医療的ケアを要する障害児が適切な支援を受けられるよう自治体に努力義務を課し、医療的ケア児が在宅生活を継続していこうとする場合、その心身の状況に応じて、保健、医療および障害福祉だけでなく、保育、教育等における支援も重要であるとしている（**図表15-4**）。

　2016（平成28）年4月、国立成育医療研究センターでは、在宅で医療的ケアを受けている子どもと家族が最長で1週間滞在し、"第二のわが家"のように自由にくつろいで過ごすことのできる医療型短期入所施設「もみじの家」をセンター敷地内に開設した。もみじの家は、「重い病気をもつ子どもと家族一人ひとりがその人らしく生きる社会をつくる」という理念を掲げる。日本ではじめての公的な医療機関での短期滞在型医療施設であり、医療と福祉の制度を融合させた新たな支援モデルをめざしている。このような施設が全国に広まることも必要である。

Step1 Step2 **Step3 プラスα**

図表15-3 障害者の日常生活及び社会生活を総合的に支援するための法律及び児童福祉法の一部を改正する法律（概要）

概　要

1. 障害者の望む地域生活の支援
(1) 施設入所支援や共同生活援助を利用していた者等を対象として、定期的な巡回訪問や随時の対応により、円滑な地域生活に向けた相談・助言等を行うサービスを新設する（自立生活援助）
(2) 就業に伴う生活面の課題に対応できるよう、事業所・家族との連絡調整等の支援を行うサービスを新設する（就労定着支援）
(3) 重度訪問介護について、医療機関への入院時も一定の支援を可能とする
(4) 65歳に至るまで相当の長期間にわたり障害福祉サービスを利用してきた低所得の高齢障害者が引き続き障害福祉サービスに相当する介護保険サービスを利用する場合に、障害者の所得の状況や障害の程度等の事情を勘案し、当該介護保険サービスの利用者負担を障害福祉制度により軽減（償還）できる仕組みを設ける

2. 障害児支援のニーズの多様化へのきめ細かな対応
(1) 重度の障害等により外出が著しく困難な障害児に対し、居宅を訪問して発達支援を提供するサービスを新設する
(2) 保育所等の障害児に発達支援を提供する保育所等訪問支援について、乳児院・児童養護施設の障害児に対象を拡大する
(3) 医療的ケアを要する障害児が適切な支援を受けられるよう、自治体において保健・医療・福祉等の連携促進に努めるものとする
(4) 障害児のサービスに係る提供体制の計画的な構築を推進するため、自治体において障害児福祉計画を策定するものとする

3. サービスの質の確保・向上に向けた環境整備
(1) 補装具費について、成長に伴い短期間で取り替える必要のある障害児の場合等に貸与の活用も可能とする
(2) 都道府県がサービス事業所の事業内容等の情報を公表する制度を設けるとともに、自治体の事務の効率化を図るため、所要の規定を整備する

出典：厚生労働省「「障害者の日常生活及び社会生活を総合的に支援するための法律及び児童福祉法の一部を改正する法律」について（経過）」2016.

図表15-4 医療的ケアを要する障害児に対する支援

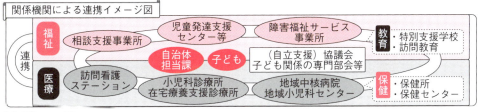

出典：図表15-3に同じ

2. 医療的ケア児の保育所受け入れ状況

　厚生労働省による調査では、保育所に通う平成28年度の医療的ケア児は、全国292か所の保育所に323人であった。受け入れている子どもが多い都道府県をみると、大阪府が46か所55人、東京都21か所24人、愛知県22か所22人、滋賀県14か所18人、千葉県13か所15人、長野県14か所14人となっている。また、石川県、山梨県、岡山県、徳島県、香川県、愛媛県は医療的ケア児の受け入れ実績がないという結果となっている。保育施設に医療的ケア児を受け入れる工夫を先駆的に行っている自

治体や対応を行っている自治体も少しずつ増えているが、受け入れの必要性への認識や受け入れ体制が整っていない自治体もある。

　厚生労働省は、2017（平成29）年4月に「多様な保育促進事業の実施について」を通知し、医療的ケア児保育支援モデル事業に着手している。医療的なケアを必要とする子どもが増えているなか、支援の体制づくりは始まったばかりで制度が実情に追いついていない状況、自治体による格差、医療・保健・福祉・保育・教育といった各分野が連携した包括的な支援のあり方、人材の確保、運営の維持など課題も多くある。目の前にいる子どものためにできることから始め、支援をどうつくり出していけるか、つなげていけるのかを考え、対応を図ることが急務となっている。

3. 小児慢性特定疾病医療費助成制度と小児慢性特定疾病児童等自立支援事業の実施

　難病をもつ子どもや家族の支援には、小児慢性特定疾患治療研究事業制度があり、1974（昭和49）年度から小児の慢性疾患のうち、特定疾患についてその医療の確立と普及を図り、併せて患者家族の医療費の負担軽減を図ることを目的に実施されてきた。法律上の根拠をもたない事業であったが、2005（平成17）年度から次世代育成支援の観点から安定的な制度とするため、児童福祉法に事業の根拠が規定され、日常生活用具給付事業および小児慢性特定疾患ピアカウンセリング事業が開始された。さらに2013（平成25）年の「慢性疾患を抱える子どもとその家族への支援の在り方（報告）」をふまえ、2014（平成26）年5月に、小児慢性特定疾病の患者に対する医療費助成に関して公平かつ安定的な制度を確立するほか、基本方針の策定、慢性疾病児童の自立支援事業の実施、調査および研究の推進などの措置を講ずることを趣旨として、児童福祉法の一部改正があり、2015（平成27）年1月に施行されている（**図表15-5**）。小児慢性特定疾病にかかっている児童等に対し新たな医療費助成制度が始まり、新制度では760の告示疾病（うち56の包括病名を含む）が対象となり、年間約15万人の患児が当該制度にて医療費助成を受けると試算された。

　小児慢性特定疾病児童等自立支援事業の実施にあたっては、必須事業として小児慢性特定疾病児童等、その保護者その他の関係者に対する相談支援、必要な情報提供、助言を行うことをあげている。加えて、任意事業として、療養生活支援事業、相互交流支援事業、就職支援事業、介護者支援事業、その他の自立支援事業がある。また、慢性疾患児の特性をふまえた健全育成・社会参加の促進、地域関係者が一体

| 図表15-5 | 児童福祉法の一部を改正する法律の概要 |

法律の概要

(1) 基本方針の策定
・良質かつ適切な小児慢性特定疾病医療支援の実施その他の疾病児童等の健全な育成に係る施策の推進を図るための基本的方針を定める。

(2) 小児慢性特定疾病に係る新たな公平かつ安定的な医療費助成の制度の確立
・都道府県・政令指定都市・中核市は、小児慢性特定疾病にかかっている児童等であって、当該疾病の程度が一定程度以上であるものの保護者に対し、申請に基づき、医療に要する費用（小児慢性特定疾病医療費）を支給。
（現行の小児慢性特定疾病医療費助成は児童福祉法に基づく法律補助であるものの裁量的経費。今回、義務的経費化。）
・医療費助成に要する費用は都道府県等の支弁とし、国はその2分の1を負担。
・その他、適正な医療費助成及び医療の質を担保する観点から、指定医療機関（都道府県等が指定）制度等に関する規定を整備。
　▶支給認定の申請に添付する診断書は、指定医が作成。　▶都道府県等は、支給認定をしないときは、小児慢性特定疾病審査会に審査を求める。

(3) 小児慢性特定疾病児童等自立支援事業の実施
・都道府県等は、相談支援など小児慢性特定疾病児童に対する自立の支援のための事業（※）を実施。
（※）必須事業：小児慢性特定疾病児童等、その保護者その他の関係者に対する相談支援、必要な情報提供、助言　等
　　　任意事業：①レスパイト（医療機関等における小慢児童等の一時預かり）、②相互交流支援、③就労支援、④家族支援（家族の休養確保のための支援）等

(4) 小児慢性特定疾病の治療方法等に関する研究の推進
・国は、小児慢性特定疾病の治療研究など、慢性疾病にかかっている児童等の健全な育成に資する調査及び研究を推進。

出典：厚生労働省「難病及び小児慢性特定疾病の新たな医療費助成制度に係る説明資料」p.20, 2014.

となった自立支援の充実のために、できるだけわかりやすく情報提供する目的で小児慢性特定疾病情報センターが国立研究開発法人国立成育医療研究センターにおいて運営されている。難病の子どもや家族に対する体制の整備や支援の具体策は、地域による格差や病院による差も大きく、まだ十分でない現状もあり、支援の充実が望まれる。

参考文献

- 今井七重編『子どもの保健Ⅱ 第2版』みらい，2018.
- 兼松百合子・荒木暁子・羽室俊子編著『子どもの保健・実習——すこやかな育ちをサポートするために 第2版』同文書院，2013.
- 野原八千代編著『子どもの保健 演習セミナー 第2版』建帛社，2015.
- 鈴木美枝子編著『これだけはおさえたい！保育者のための「子どもの保健Ⅱ」第2版』創成社，2018.
- 巷野悟郎編『子どもの保健 第7版追補』診断と治療社，2018.
- 新 保育士養成講座編纂委員会編『子どもの保健』全国社会福祉協議会，2018.
- 厚生労働省「国における母子保健対策——特に子育て世代包括支援センターについて」 www.phcd.jp/02/kensyu/pdf/2017_temp03_1.pdf
- 厚生労働省「子育て世代包括支援センター業務ガイドライン」2017（平成29）年8月 https://www.mhlw.go.jp/file/06-Seisakujouhou-11900000-Koyoukintoujidoukateikyoku/kosodatesedaigaidorain.pdf
- 厚生労働省「平成28年度子育て世代包括支援センター事例集」 https://www.mhlw.go.jp/file/06-Seisakujouhou-11900000-Koyoukintoujidoukateikyoku/H28houkatusiennsennta-zireisyu.pdf
- 研究代表者：田村正徳「「医療的ケア児に対する実態調査と医療・福祉・保健・教育等の連携に関する研究」の中間報告」2016（平成28）年12月13日
- 厚生労働省「医療的ケア児について」2016（平成28）年3月16日
- 厚生労働省「平成30年度医療的ケア児の地域支援体制構築に係る担当者合同会議 行政説明資料「医療的ケアが必要な子どもへの支援の充実に向けて」「学校における医療的ケアへの対応について」」2018.
- 「多様な保育促進事業の実施について」平成29年4月17日雇児発0417第4号
- 国立開発研究法人国立成育医療研究センター「もみじの家」 https://www.ncchd.go.jp/hospital/about/section/momiji/
- 厚生労働省「障害者の日常生活及び社会生活を総合的に支援するための法律及び児童福祉法の一部を改正する法律について（経過）」 https://www.mhlw.go.jp/file/05-Shingikai-12601000-Seisakutoukatsukan-Sanjikanshitsu_Shakaihoshoutantou/0000128863.pdf
- 厚生労働省「難病及び小児慢性特定疾病の新たな医療費助成制度に係る説明資料」2014（平成26）年8月19日 www.nanbyo.jp/news2/140819-1.pdf
- 小児慢性特定疾病情報センター https://www.shouman.jp

参考資料

参考資料 消毒薬の種類と用途

薬品名	塩素系消毒薬 （次亜塩素酸ナトリウム等）	第4級アンモニウム塩 （塩化ベンザルコニウム等） ※逆性石けん又は陽イオン界面活性剤ともいう。	アルコール類 （消毒用エタノール等）
消毒をする場所・もの	・調理及び食事に関する用具（調理器具、歯ブラシ、哺乳瓶等） ・室内環境（トイレの便座、ドアノブ等） ・衣類、シーツ類、遊具等	・手指 ・室内環境、家具等（浴槽、沐浴槽、トイレのドアノブ等） ・用具類（足浴バケツ等）	・手指 ・遊具 ・室内環境、家具等（便座、トイレのドアノブ等）
消毒の濃度	・0.02％（200ppm）〜0.1％（1,000ppm）液での拭き取りや浸け置き	・0.1％（1,000ppm）液での拭き取り ・食器の漬け置き：0.02％（200ppm）液	・原液（製品濃度70〜80％の場合）
留意点	・酸性物質（トイレ用洗剤等）と混合すると有毒な塩素ガスが発生するので注意する。 ・金属腐食性が強く、錆びが発生しやすいので、金属には使えない。 ・汚れ（有機物）で消毒効果が低下する。このため、嘔吐物等を十分拭き取った後に消毒する。また、哺乳瓶は十分な洗浄後に消毒を行う。 ・脱色（漂白）作用がある。	・経口毒性が高いので誤飲に注意する。 ・一般の石けんと同時に使うと効果がなくなる。	・刺激性があるので、傷や手荒れがある手指には用いない。 ・引火性に注意する。 ・ゴム製品、合成樹脂等は、変質するので長時間浸さない。 ・手洗い後、アルコールを含ませた脱脂綿やウエットティッシュで拭き自然乾燥させる。
有効な病原体	全ての微生物（ノロウイルス、ロタウイルス等）	一般細菌（MRSA等）、真菌	一般細菌（MRSA等）、結核菌、真菌、ウイルス（HIVを含む。）等
消毒薬が効きにくい病原体		結核菌、大部分のウイルス等	ノロウイルス、ロタウイルス等
その他	・直射日光の当たらない涼しいところに保管する。	・希釈液は毎日作りかえる。	

※ 通常の衛生管理における消毒については、消毒をする場所等に応じ、医薬品・医薬部外品として販売されている製品を用法・用量に従って使い分ける。ただし、糞便や嘔吐物、血液を拭き取る場合等については、消毒用エタノール等を用いて消毒を行うことは適当でなく、次亜塩素酸ナトリウムを用いる。

出典：厚生労働省「保育所における感染症対策ガイドライン（2018年改訂版）」p.68, 2018.

索 引

あ～お

IQ	138
ICIDH	136
ICF	136
愛着	9,98,119
愛着理論	119
アウトリーチ	154
アスピリン	127
アセスメント	116
アタッチメント	9,98,119
圧迫止血	75
アテトーゼ型	137
アトピー性皮膚炎	100,123
アドレナリン自己注射器	74
アナフィラキシー	74,124
アナフィラキシーショック	124
アメリカ疾病管理予防センター	87
アレルギー	29,122
アレルギー疾患	122,130
アレルギー反応	74
安全確保	39,48
安全管理	114
安全教育	46
安全点検	39
育児ストレス	118
育児不安	118
育児放棄	20
医師	114
意識障害	62,124
Ⅰ型糖尿病	128
一時預かり事業	173
胃腸炎	128
一体的	3
溢乳	112
異物	73,122
医薬品	83
医療機関	45,148
医療行為	83,133
医療ソーシャルワーカー	150
医療的ケア	144
医療的ケア児	128,180
医療的ケア児保育支援モデル事業	129
医療費	45
医療費助成制度	45
インクルーシブ保育	129
インスリン	128
インフォーマルなサービス	176
ウイルス	86
運動器	21
運動発達	161
運動誘発性喘息	123
衛生環境	24
衛生管理	24
栄養学	112
栄養士	149
AED	76
SI	139
SST	139
SGマーク	46
STマーク	46
NICU	128
NPO法人	176
エピペン	74,133
MSW	150
MDT	148
園医	98
延長保育事業	173
園内研修	82
応急処置	72
嘔吐	124
嘔吐物	88
温度	24

か～こ

外部研修	82
カウプ指数	168
加害者	39
科学的根拠	160
かかりつけ医	93
核家族化	118
覚醒	111
学校環境衛生管理マニュアル	24
学校環境衛生基準	24
学校教育法	174
学校保健安全法	13
活動	136
家庭生活	39
川崎病	127
感覚統合	139
眼窩点	166
換気	25
環境温度	111
看護師	82,93,114,149
観察	12,60
間接圧迫止血	68
感染経路対策	86
感染源	32
感染源対策	86
感染症	5,24,86
感染予防	123
カンファレンス	132
管理責任	39,44
管理能力	44
気管支喘息	123
気管内異物	80
危機管理	36,48
危機管理マニュアル	49
企業主導型ベビーシッター利用者支援事業	172
企業主導型保育事業	172
危険認知	113
基礎疾患	98
機能障害	136
機能不全	21
虐待	152
虐待防止マニュアル	148
救命救急法	76
教育	3
教育・保育施設等における事故報告集計	36
教育・保育施設等における事故防止及び事故発生時の対応のためのガイドライン	8,39
仰臥位	168
共感	127
協調運動	113
胸部圧迫法	80
胸部スラスト	80
胸部突き上げ法	80
緊急時個別対応票	133
筋ジストロフィー	137
空気感染	86
経過観察	73
経管栄養	128
経口感染	86
傾聴	127
痙直型	137
けいれん	63
ケース会議	105
血糖値	128
下痢	124

187

健康観察 — 12	識別感覚 — 139	少子化 — 118
健康管理 — 12	止血 — 68	消毒 — 28
健康教育 — 160	自己形成 — 100	消毒薬 — 29
健康診断 — 13,160	仕事・子育て両立支援事業 — 172	ショートステイ事業 — 176
健康診断票 — 13	事故防止 — 36	小児医療 — 180
誤飲 — 44	耳珠点 — 166	小児がん — 127
誤飲防止ルーラー — 42	自主防災組織の手引 — 57	小児慢性特定疾病 — 182
口腔内 — 123	自食行動 — 113	小児慢性特定疾病児童等自立支援事業 — 182
合計特殊出生率 — 2	施設型給付 — 172	小児慢性特定疾病情報センター — 183
抗原 — 122	自尊感情 — 9	食育計画 — 148
抗原抗体反応 — 122	自治体 — 176	嘱託医 — 17,74,83,93,149
交通事故 — 44	市町村子ども・子育て支援事業計画 — 172	食中毒 — 32,93
後頭結節 — 167	SIDS — 8	食物アレルギー — 100,123,130
誤嚥 — 9,113	湿度 — 24	視力検査 — 13
呼吸 — 60	疾病 — 98	人工呼吸器 — 129,180
呼吸困難 — 123	児童虐待 — 101	人工呼吸用マスク — 76
国際障害分類 — 136	児童虐待の防止等に関する法律 — 174	心身機能・構造 — 136
国際生活機能分類 — 136	指導計画 — 105	新生児集中治療室 — 128
国立成育医療研究センター — 180	児童自立支援施設 — 154	身体虚弱 — 100
誤食 — 9	児童相談所 — 148	身体発育 — 161
午睡 — 39	自動体外式除細動器 — 76	身体発育曲線 — 116
子育て援助活動支援事業 — 173	児童発達支援センター — 180	身長 — 110
子育て支援 — 174	児童福祉施設の設備及び運営に関する基準 — 24,49	身長体重曲線 — 168
子育て世代包括支援センター — 151,172	児童福祉法 — 98	人的環境 — 8
子育て短期支援事業 — 173	児童養護施設 — 153	心肺蘇生法 — 76
骨折 — 66	自閉症スペクトラム — 138	じんま疹 — 123
子ども・子育て会議 — 172	社会環境 — 20	信頼関係 — 118
子ども・子育て支援新制度 — 36,172	社会貢献 — 57	心理的ストレス — 50
子どもの最善の利益 — 3	社会資源 — 176	水分代謝 — 111
子どもの貧困対策の推進に関する法律 — 174	社会生活技能訓練 — 139	睡眠 — 111
子どもを守る地域ネットワーク — 155	社会的責任 — 45	睡眠パターン — 111
子どもを守る地域ネットワーク機能強化事業 — 173	社会福祉法人 — 176	スクリーニング — 151
コミュニティ活動 — 57	習慣 — 160	スタンダードプレコーション — 87
こんにちは赤ちゃん事業 — 151	重症心身障害 — 128	ステロイド — 125
	重大事故 — 36	生活環境 — 20
さ〜そ	集団生活 — 39,100	生活管理指導表 — 132
	宿主対策 — 86	生活リズム — 160
災害対策基本法 — 48,56	出血 — 68	清拭 — 123
災害用伝言ダイヤル — 51	出生 — 110	成長ホルモン — 111
細菌 — 86	授乳・離乳の支援ガイド — 112	生理的早産 — 110
座薬 — 17	守秘義務 — 155	セーフティーネット — 154
参加 — 136	小1プロブレム — 108	世界保健機関 — 122
産後うつ — 151	障害 — 136	せきエチケット — 33
3歳未満児 — 99	障害児入所施設 — 154	摂取カロリー — 117
三大アレルゲン — 124	障害児保育 — 105	接触感染 — 86
CPR — 76	障害者の日常生活及び社会生活を総合的に支援するための法律 — 174	セルフエスティーム — 9
歯科医 — 20	消化器系 — 112	全国私立保育園連盟 — 108
歯科健診 — 13	小規模保育 — 172	喘息 — 100
		喘鳴 — 123

た～と

早期対応	60
早期発見	60,156
相談支援専門員	108
卒乳	112
損害賠償	45
第一次ベビーブーム	2
体液性免疫	122
体温	60,111
体温調節機能	111
退行現象	50
体重	110
体調管理	32
第二次ベビーブーム	2
多機関・多職種連携チーム	148
多層性睡眠	111
脱臼	66
脱水症	63
WHO	122
打撲	66,113
短期入所生活援助	176
痰の吸引	180
地域型保育給付	172
地域子育て支援拠点事業	173
チームアプローチ	177
窒息	9,39,113
知的能力障害	137
チャイルドマウス	42
注意欠陥・多動性障害	138
中毒110番	74
調乳マニュアル	27
直接圧迫止血	68
通告	153
TEACCH	144
DSM-5	137
定期接種	87
低血糖症状	128
抵抗力	24,98
適応能力	24
溺水	9,44
天災	44
転倒	44
転落	44,113
登園禁止処置	86
同時接種	87
糖尿病	128
頭部打撲	73
特定教育・保育施設	36
特定地域型保育事業	36
特別支援教育	155
特別支援教育コーディネーター	108
特別な配慮	98
吐乳	112

な～の

内科健診	13
内服薬	16
Ⅱ型糖尿病	128
二次災害	56
二次被害	49
日常生活用具給付事業	182
日本中毒情報センター	74
乳児	98
乳児医療費無料化	3
乳児院	154
乳児家庭全戸訪問事業	151,173
乳児死亡率	2
乳頭点	167
乳幼児	98
乳幼児身体発育曲線	168
乳幼児突然死症候群	8
任意接種	87
妊娠	110
認知機能	110
認知行動療法	139
認定こども園	172
妊婦健康診査	173
塗り薬	16
寝返り	113
ネグレクト	20
熱性けいれん	63
熱中症	65
ネットワーク	177
ネフローゼ症候群	125
捻挫	66
脳機能	137
脳性まひ	137
能力障害	136
ノーマライゼーション	136
飲み薬	16
ノンレム睡眠	111

は～ほ

排気	112
バイタルサイン	60
背部叩打法	80
ハイムリック法	81
ハイリスク児	151
ハウスダスト	123
ハザードマップ	49,52
発育	98
発達	98
発達過程	99
発達障害	103,137
発達性協調運動障害	138
発達相談	99
発達段階	44,60
バリアフリー	105
阪神・淡路大震災	48
ピアカウンセリング事業	182
被害者	39
東日本大震災	48
皮下脂肪	111
非言語的コミュニケーション	138
飛散防止シート	49
備蓄品	51
人見知り	119
避難	48
避難勧告等の判断・伝達マニュアル作成ガイドライン	56
避難場所	49
避難方法	49
避難ルート	49
飛沫感染	86
病原性	86
病原体	86
病原微生物	86
病児保育	122
病児保育事業	173
標準予防策	87
病棟保育	122
ファーストエイド	72
ファミリー・サポート・センター事業	173
フォーマルなサービス	176
副作用	125
腹部突き上げ法	81
物的環境	8
閉鎖湿潤療法	66
保育園サーベイランス	93
保育カウンセラー	108
保育施設	36
保育所	122,172
保育所児童保育要録	157
保育所におけるアレルギー対応ガイドライン	8

保育所における感染症対策ガイドライン
……………………………… 8,24,32
保育所における食事の提供ガイドライン
……………………………………… 8
保育所保育指針 ……………… 3,48,98
放課後児童クラブ ……………………173
放課後児童健全育成事業 ……………173
防災意識 ………………………………57
防災教育 ………………………………50
防災対策 ………………………………48
防災マップ ……………………………57
防犯体制 ………………………………50
訪問看護 ……………………………129
ボウルビィ,J. ……………………119
保健計画 …………………………148,160
保健所 …………………………… 93,148
保健センター ………………………148
保健的対応 ……………………………98
保護者 ………………………………114
保護者支援 …………………………118
母子健康手帳 ………………………151
母子健康包括支援センター …………172
母子保健法 …………………………172
発作 …………………………………100
発赤 …………………………………123
母乳 …………………………………112
ボランティア ………………………176
ポルトマン,A. ……………………110

ま～も

慢性疾患 ………………………100,122
脈拍 ……………………………… 60,61
目薬 ……………………………………16
免疫 ……………………………… 24,87
免疫機能 ………………………………60

や～よ

やけど …………………………… 68,73
遊泳用プールの衛生基準 ……………28
養育支援訪問事業 …………………173
養護 ……………………………………3
要支援家庭 …………………………154
幼稚園 …………………………122,172
要保護児童 …………………………154
要保護児童対策地域協議会 ……148,155
予防接種 …………………………32,87,94
与薬 ……………………………… 16,114
与薬依頼票 …………………………16,106

ら～ろ

RICE法 ………………………………66
リアリティショック …………………118
離乳 …………………………………112
療育機関 ……………………………148
療育プログラム ……………………144
利用者支援事業 ……………………173
レジリエンス …………………………9
レスパイト …………………………180
レム睡眠 ……………………………111
連絡帳 …………………………………12

わ～ん

ワクチン ………………………………87

新・基本保育シリーズ

【企画委員一覧】(五十音順)

◎ 委員長　○ 副委員長

相澤　仁(あいざわ・まさし)	大分大学教授、元厚生労働省児童福祉専門官
天野珠路(あまの・たまじ)	鶴見大学短期大学部教授、元厚生労働省保育指導専門官
石川昭義(いしかわ・あきよし)	仁愛大学教授
近喰晴子(こんじき・はるこ)	東京教育専門学校専任講師、秋草学園短期大学特任教授
清水益治(しみず・ますはる)	帝塚山大学教授
新保幸男(しんほ・ゆきお)	神奈川県立保健福祉大学教授
千葉武夫(ちば・たけお)	聖和短期大学学長
寺田清美(てらだ・きよみ)	東京成徳短期大学教授
◎西村重稀(にしむら・しげき)	仁愛大学名誉教授、元厚生省保育指導専門官
○松原康雄(まつばら・やすお)	明治学院大学学長
矢藤誠慈郎(やとう・せいじろう)	岡崎女子大学教授

(2018年12月1日現在)

【編集・執筆者一覧】

編集

松田博雄(まつだ・ひろお)	社会福祉法人子どもの虐待防止センター理事長	
金森三枝(かなもり・みえ)	東洋英和女学院大学准教授	

執筆者(五十音順)

石野晶子(いしの・あきこ)	杏林大学講師	第6講
伊藤奈津子(いとう・なつこ)	淑徳大学講師	第10講・第11講
碓氷ゆかり(うすい・ゆかり)	聖和短期大学教授	第5講
内山有子(うちやま・ゆうこ)	東洋大学准教授	第4講
加藤則子(かとう・のりこ)	十文字学園女子大学教授	第9講
金森三枝(かなもり・みえ)	(前掲)	第15講
木村明子(きむら・あきこ)	蒲田保育専門学校非常勤講師	第7講・第14講
田中和香菜(たなか・わかな)	東京家政学院大学非常勤講師	第2講・第3講
並木由美江(なみき・ゆみえ)	元全国保育園保健師看護師連絡会会長	第1講
橋本佳美(はしもと・よしみ)	佐久大学教授	第12講
松田博雄(まつだ・ひろお)	(前掲)	第8講・第13講

子どもの健康と安全

新・基本保育シリーズ⑯

2019年2月20日　初　版　発　行
2025年2月1日　初版第4刷発行

監　　修	公益財団法人　児童育成協会
編　　集	松田博雄・金森三枝
発行者	荘村明彦
発行所	中央法規出版株式会社
	〒110-0016　東京都台東区台東3-29-1　中央法規ビル
	Tel 03（6387）3196
	https://www.chuohoki.co.jp/
印刷・製本	株式会社アルキャスト
装　　幀	甲賀友章（Magic-room Boys）
カバーイラスト	市川文男（社会福祉法人　富岳会）
本文デザイン	タイプフェイス
本文イラスト	小牧良次（イオジン）

定価はカバーに表示してあります。
ISBN978-4-8058-5796-0

本書のコピー、スキャン、デジタル化等の無断複製は、著作権法上での例外を除き禁じられています。また、本書を代行業者等の第三者に依頼してコピー、スキャン、デジタル化することは、たとえ個人や家庭内での利用であっても著作権法違反です。

落丁本・乱丁本はお取替えいたします。

本書の内容に関するご質問については、下記URLから「お問い合わせフォーム」にご入力いただきますようお願いいたします。
https://www.chuohoki.co.jp/contact/